U0734024

# 公文高手的修炼之道

Official Documents

## 笔杆子的写作精品课

第2版

胡森林/著

人民邮电出版社
北京

**图书在版编目（ＣＩＰ）数据**

公文高手的修炼之道 ： 笔杆子的写作精品课 / 胡森
林著. -- 2版. -- 北京 ： 人民邮电出版社，2023.11
ISBN 978-7-115-62524-3

Ⅰ．①公… Ⅱ．①胡… Ⅲ．①公文－写作 Ⅳ.
①H152.3

中国国家版本馆CIP数据核字(2023)第156421号

◆ 著　　　　胡森林
　　责任编辑　王法文
　　责任印制　李 东　胡 南
◆ 人民邮电出版社出版发行　　北京市丰台区成寿寺路 11 号
　　邮编　100164　电子邮件　315@ptpress.com.cn
　　网址　https://www.ptpress.com.cn
　　北京天宇星印刷厂印刷
◆ 开本：720×960　1/16
　　印张：14.5　　　　　　　2023 年 11 月第 2 版
　　字数：193 千字　　　　　2024 年 12 月北京第 4 次印刷
定价：59.80 元

读者服务热线：(010)81055256　印装质量热线：(010)81055316
反盗版热线：(010)81055315
广告经营许可证：京东市监广登字 20170147 号

# 开班导学

## 不要这样写！

《鲁迅全集》中有篇文章叫作《不应该那么写》，收在《且介亭杂文二集》中。文章不长，兹摘录如下：

凡是有志于创作的青年，第一个想到的问题，大概总是"应该怎样写？"现在市场上陈列着的"小说作法""小说法程"之类，就是专掏这类青年的腰包的。然而，好像没有效，从"小说作法"学出来的作者，我们至今还没有听到过。有些青年是设法去问已经出名的作者，那些答案，还很少见有什么发表，但结果是不难推想而知的：不得要领。这也难怪，因为创作是并没有什么秘诀，能够交头接耳，一句话就传授给别一个的，倘不然，只要有这秘诀，就真可以登广告，收学费，开一个三天包成文豪学校了。以中国之大，或者也许会有罢，但是，这其实是骗子。

在不难推想而知的种种答案中，大概总该有一个是"多看大作家的作品"。这恐怕也很不能满文学青年的意，因为太宽泛，茫无边际——然而倒是切实的。凡是已有定评的大作家，他的作品，全部就说明着"应该怎样写"。只是读者很不容易看出，也就不能领悟。因为在学习者一方面，是必须知道了"不应该那么写"，这才会明白原来"应该这么写"的。这"不应该那么写"，如何知道呢？惠列赛耶夫的《果戈理研究》第六章里，答复着这个问题——"应该这么写，必须从大作家们的完成了的作品去领会。那么，不应该那么写这一面，恐怕最好是从那同一作品的未定稿本去学习了。在这里，简直好像艺术家在对我们用实物教授。恰如他指着每一行，直接对我们这样说——'你看——哪，这是应该删去的。这要缩短，这要改作，因为不自然了。在这里，还得加些渲染，使形象更加显豁些。'"

这确是极有益处的学习法，而我们中国却偏偏缺少这样的教材。近几年来，石印的手稿是有一些了，但大抵是学者的著述或日记。也许是因为向来崇尚"一挥而就""文不加点"的缘故罢，又大抵是全本干干净净，看不出苦心删改的痕迹来。取材于外国呢，则即使精通文字，也无法搜罗名作的初版以至改定版的各种本子的。

读书人家的子弟熟悉笔墨，木匠的孩子会玩斧凿，兵家儿早识刀枪，没有这样的环境和遗产，是中国的文学青年的先天的不幸。

在没奈何中，想了一个补救法：新闻上的记事，拙劣的小说，那事件，是也有可以写成一部文艺作品的，不过那记事，那小说，却并非文艺——这就是"不应该这样写"的标本。只是和"应该那样写"，却无从比较了。

四月二十三日

在这篇文章里，鲁迅先生以他丰富的创作经验，向青年人分享学习写作的方法，从常见的学习误区入手，他提出要"多看大作家的作品"，进而，在面对大家的作品时，要从正反两面加以体悟和学习，即"在学习者一方面，是必须知道了'不应该那么写'，这才会明白原来'应该这么写'的"，而如何才能学习到"不应该那么写"这一面呢？"恐怕最好是从那同一作品的未定稿本去学习了"。至此，答案很清楚了，逻辑也很让人信服，如果有心人印证一下自己学习写作的经验，怕也是十分相合。

思路有了，可遗憾也是明显的，就是市场上缺乏这样的教材和读物。要从未定稿、过程稿、修改稿上来学习，对于写作大家来说，大概是不屑为之的，而一般照搬概念的写作老师，估计力有不逮，自己有这个体会的人，却往往会有"良工不示人以朴"的顾虑，轻易不愿把"爱因斯坦的前两个小板凳"拿出来给人看。所以，没有丰富的写作实践，没有一颗愿意帮助他人的热心，谁能写出这样的书来呢？

美国有一位学者克林肯博格曾在许多知名大学教授非虚构写作，他在一篇文章中写道，"在每个学期我都充满希望又十分恐惧，如果我的学生已经掌握了写作，我将没什么可教，而每个学期我都一再发现，他们还是不会写作。他们能够组合起一串串术语，堆砌起大段大段缠绕繁复的句子结构。他们能够围绕碰巧得到的主题和概念信马由缰地述说，而仅仅这么做就能得到好成绩。但说到清晰、简洁的写作，毫无障碍地阐明自己的想法和情绪、描述身边的世界——做不到。" 我不太知道克林肯博格教授学生采用什么样的方法，但我视野所及，鲁迅先生心目中理想的写作读物，确实是很少见的。

鲁迅先生说的是文学创作，而对于公文写作来说，二者具有共通之处：一是学习的方法缺乏总结提炼，二是教材的缺乏。

文学创作上"不应该那么写"的阐述，对公文写作来讲，同样是很有益处的学习领悟方法。很多人都有体会，直接看公文范文、看干干净净的定稿，就不如看经领导和他人反复修改的草稿获得的收益更大，提高得更快。用心体会精心删改之处，公文写作者体会到了"不应该那么写"，就明白了"应该这么写"的道理，这便是"修炼"公文写作的悟性。

正是因为这样的体会，以及感到这方面书籍的缺乏，本书作者在《公文高手的修炼之道 笔杆子的写作精品课（第2版）》这本书里，在上篇归纳总结了公文写作中八种常见的问题，列出公文写作的主要"负面清单"，逐一加以解析，分析如何修改，并结合实例进行剖析，通过理论和实例的结合，通过修改前后的对照，通过对写作过程的"复盘"，让大家对"不应该那么写"有一个直观认识和切实警醒。需要说明的是，本书第一版是2018年出版的，所用案例均为2018年之前撰写的，所以案例中的内容、提法等，也是适用于当时，与时下最新的内容相比较，可能显得时新性不够。所以本次修订在未对例文进行更换的情况下，对时间痕迹较为明显的部分内容尽可能加以删节和精简，但无法做到用现在的内容去替代当时的内容（否则就违背了真实性原则），作者更主要的是希望通过这些例文作为载体，讲述写作的思路与方法。这一点上希望读者予以理解。

下篇是此次修订时新增的内容，针对读者的问题加以答疑，并对几篇例文进行修改，还原其过程，呈现其思路，从而使读者有更深的感受。

对于公文写作者来说，首先要明白，有问题并不可怕，人人都会犯错，而公文写作本身是一个试错频率很高的事情，关键是要不断改进，知错能改，善莫大焉。但是，如果意识不到问题，甚至明知有问题却不愿、不想去改，或者不知道怎么去改，就难以进步。古人说，良医治病于未发之时，就是这个道理。

书中提出的这些问题，都是作者在工作指导、修改和统稿时发现的，使用的例子，也都是工作中的实际案例。在实际工作中遇到这些问题时，作者大多是就事论事，改完就完了。而借写作本书的机会，作者对这些问题系统地加以回顾和盘点，形成"问题单子"和"错题本子"，借此提供给他人一种学习的有益方法。

自古说，文无第一、武无第二。指出别人文章中存在的问题，往往是比较忌讳的。所以大家有时看到别人文章中的问题，心里知道，嘴上不愿意说，那么反过来，当别人对你的文章表示没有意见甚至说好时，也往往并非他人的真实想法。那么，这本书就提供了一面"镜子"，可以自我对照，自我审视，自我修改。

对于公文写作工作，修改稿子是必修课，也是提高写作能力的捷径。没有写过百来篇大稿子，熬过几十个不眠之夜，把一个稿子反反复复改上很多遍，公文写作者的"笔杆子"是硬不起来的，"金刚钻"也是练不出来的。

王鼎钧先生写过一套教人写文章的书，叫《作文四书》，自序中有一段话让人感受很深："我是赤着脚走路的人，路上没有红毯，只有荆棘。中年以后整理自己的生活经验，产生了一个疑问，当年走在路上，前面明明有荆棘，为什么走在前面的人不告诉我呢？前面有陷阱，为什么没有人做个标记呢？前面有甘泉，为什么去喝水的人不邀我同行呢？经过一番研究，我知道一般人在这方面是很吝啬的。于是我衍生出一个想法：我一边赤脚走路，一边把什么地方有荆棘、什么地方有甘泉写下来，放在路旁让后面走过来的人拾去看看。"王鼎钧先生说得恳切，作者的心情和愿望与王鼎钧先生是一样的，从"不应该那么写"这个角度，把"荆棘"圈出来，把"甘泉"引出来，和大家分享一些经验和体会。

书中归纳的八方面问题，每一方面都有不同的具体表现，也发生在不同的人身上，能举出很多的例子。为了更清晰地阐述，本书按八节课加以设置，每一课对同一类型的问题加以描述，并对其从理论角度予以讲解，指出修改要旨，用初稿和修改稿前后对照的方式进行例文剖析，从而使读者对这些问题以及如何修改有一个立体而直观的认识。

同时，书中设计了两个人物形象：小毕，初稿撰写者，总是出现这样或者那样的问题；山羊胡，稿件审核者，对初稿加以修改和完善，并加以讲解和评析。当然，大家能理解的是，这是为了叙述的方便，现实中并非完全这样。同样，在例文选择上，也是服从于篇章内容的需要，而非遵循它们在现实当中的真实时间顺序，同时这些例文也都是来自公开渠道，但本书对它们适当进行了技术处理。

Contents 目录

# 上　篇

# 第一课

# 以意塑文，神采奕奕——避免无神

这一天，小毕接到了一个任务，为领导出席"中国发展高层论坛"2017年会撰写一篇演讲稿。

小毕先了解了一下"中国发展高层论坛"的背景。这个论坛被称为中国"达沃斯"，每年一届，在全国"两会"之后召开，是中国政府举办的高规格的学术性论坛，吸引来自世界各地的政商学界的众多重量级嘉宾参加。中国发展高层论坛2017年会围绕"中国与世界：经济转型和结构改革"主题，数十位中国省部级官员、世界500强企业高管及包括多名诺贝尔经济学奖获得者在内的中外知名学者，就全球政治经济中的一些重大问题进行交流探讨。

出于对全球环境治理问题的关注，年会特意设置了一个名为"《巴黎协定》：前进还是后退？"的讨论单元，来自国际知名企业的董事长与多名中外学者进行对话，引来了国内外众多媒体的关注。

讨论单元的题目设置为"《巴黎协定》：前进还是后退？"，可以说颇含深意。《巴黎协定》是2015年12月12日在巴黎气候变化大会上通过的气候变化协定，为2020年后全球应对气候变化行动作出安排。2016年9月3日，全国人民代表大会常务委员会批准我国加入《巴黎协定》，我国成为第23个完成了批准协定的缔约方。随后9月4日至5日在杭州召开的G20峰会，我国提出"构建创新、活力、联动、包容的世界经济"主张。2016年11月4日《巴黎协定》正式生效后，我国率先发布了《中国落实2030年可持续发展议程国别方案》，向联合国交存《巴黎协定》批准文书。

这样场合的演讲稿应该如何写呢？小毕经过认真构思，搜集资料，提炼观点，谋篇布局，一番努力，写出了初稿。

# 【例文剖析——初稿】

## 在中国发展高层论坛2017年会上的致辞

女士们，先生们：

大家上午好！很高兴参加"中国发展高层论坛2017年会"。下面，我就"《巴黎协定》：前进还是后退？"这个话题发表自己的三点看法。

当前全球能源正在经历"六个化"的深刻变革，即能源供需宽松化、能源结构低碳化、能源格局多极化、能源治理复杂化、能源安全多元化和能源系统智能化。在人类历史上应对气候变化具有"里程碑"意义的《巴黎协定》于2016年11月4日正式生效，《巴黎协定》勾勒出了全球环境和发展的新秩序，把人类的发展装进了"环境的笼子"，全球气候治理进程的加快正在推动第四次能源革命前进的车轮。

### 一、《巴黎协定》不是终点，而是新的起点

《巴黎协定》的谈判过程与20世纪90年代《联合国气候变化框架公约》《京都议定书》的谈判过程最大的区别就在于有了企业家们的积极参与，而且企业家的声音甚至超过了科学家和政治家。科学家的判断、政治家的决策、企业家的力量和全社会的行动共同促成了《巴黎协定》的达成，应对气候变化已逐步成为建设人类命运共同体的共识。虽然法律约束力较弱的

内在制约因素和全球经济复苏发力、地缘政治冲突加剧、去全球化势力抬头等外在制约因素使《巴黎协定》的实施面临缔约方利益的有效平衡、遵约机制的合理制定等重重挑战，但是《巴黎协定》凝聚了当前国际社会就气候变化问题所达成的基本共识，从长远看，减缓和适应气候变化，走可持续发展道路的大势不可逆转，《巴黎协定》将对各国的气候、能源、环境等政策取向产生深远的重大影响，将塑造出新的全球气候治理模式。

**二、《巴黎协定》促进中国能源结构调整，以油气为主的化石能源在中长期内仍将作为我国的主体能源**

中国对于《巴黎协定》采取的态度和立场充分展现了大国风范，所设定的2030年四大减排目标的力度之大超越历史，中国的能源结构将面临深层次的适应性调整。纵观全球能源发展史，能源结构转型符合从高碳到低碳再到无碳、从不够清洁到更加清洁、从低效到高效的客观发展规律。中国的中长期能源结构转型也应该遵循分布式和集中式并举、高碳向低碳甚至无碳过渡、可再生能源与储能设备协同发展的过程。目前煤炭在中国一次能源消费结构中的比重仍超过60%，非化石能源的消费比重不足14%，且技术和经济性瓶颈的破解尚需时日，可以预见，以油气为主的化石能源在中长期内仍将作为中国的主体能源。在低油价新常态和《巴黎协定》生效履行的双重影响下，可以说中国石油行业正在经历一场凤凰涅槃式的洗礼与变革。

**三、天然气将在中国未来能源体系中发挥关键作用**

天然气是最经济、最有效率的减排能源，天然气燃烧的碳排放不足燃煤的一半。发达国家的"能源转型"之路已充分证明，无视天然气的作用，而单纯依赖非化石能源技术，最终将导致煤炭的"逆替代"。在世界的"脱碳"进程中，天然气将在能源系统中发挥重要作用，特别是在替代燃煤发电和支持可再生能源供应方面。天然气作为高效化石能源在履行减排承诺进程中的过渡作用将愈加凸显。

女士们，先生们：

《巴黎协定》的东风已经吹响了第四次能源革命的号角，开启了中国能源结构转型的新征程。我们将努力践行"创新、协调、绿色、开放、共享"新发展理念，持续完善节能减排和高效清洁生产体系建设，加快天然气全产业链体制机制构建，关注与投入可再生能源领域，着力研发化石能源高效清洁利用技术，全面打造绿色、健康、可持续发展的新型油气企业，为建设天蓝、地绿、水清的美丽中国贡献力量。

---

初稿交给了山羊胡。看了小毕的初稿，他提出了自己的看法。

中国企业家出席这样的论坛，理应表达对实施《巴黎协定》的良好愿望，展示中国企业对参与和贡献于环境治理的坚定决心，这不仅是展示企业形象，而且是在国际舞台上发出中国声音，同时也是展示企业家的个人魅力。

从初稿来看，存在的问题如下。

（1）高度不够高。在这样的国际性场合，面对国内外嘉宾，应多谈论国际化话题，初稿有点过多从中国自身的角度来谈，理论高度和思想深度都不够。

（2）定位不够准。在这样的场合谈《巴黎协定》这样的话题，并不是要做学术讨论，也不是要谈技术细节，而是要谈其意义、价值、趋势与走向，初稿有点琐碎。

（3）聚焦不够集中。三个标题中，除第一个直接谈《巴黎协定》外，后面两个分别是化石能源的前景和天然气利用问题，虽然与《巴黎协定》有关系，但比较间接。

（4）气势不够有力。初稿总体上气场弱，缺乏对问题深入思考、对情况如数家珍、对前途积极乐观所产生的气势和自信，较为平淡无力。

# 【同类问题描述】

山羊胡接着说，这个初稿的问题可以归为"无神"，这是很多公文的通病，特别是领导讲话、致辞等稿件中，属于多发问题。

无神体现在，写得太平淡，毫无吸引力，表面上该讲的事都讲到了，面面俱到，但给人的感觉就是提不起"神"来，像白开水一样，读起来没劲。

出现这种情况，主要因为文章立意不高，不能先声夺人，缺乏理论高度、思想深度，且对实际情况了解不够透彻，缺乏鲜明的观点和翔实的分析。由于缺乏理论高度、思想深度，只能平铺直叙，就事论事，自然难以吸引人。

# 【理论讲解】

山羊胡从理论角度，对公文如何做到"有神"做了一番讲解。

"神"是文章的神采、神韵，好的文章应该让人感觉神采飞扬、炯炯有神，而不好的文章则让人感到疲疲沓沓，无精打采。"文似看山不喜平"，就是说文章要有起伏，不能太平淡。

要使文章不平淡，首重立意。"意"是文之中心，文之内核，文之主旨，文之灵魂。文以意为主，"意犹帅也，无帅之兵，谓之乌合"（王夫之语）。立意高远的文章，自有一股神采在，立意平庸甚至毫无立意的文章，如泥牛木马、行尸走肉，形体虽备，但毫无生气。

立意高下优劣，表现在是否有足够的理论高度。公文写作者要学习运用前沿理论成果，提高用理论认识事物的能力。理论来源于实践又能指导实践，没有正确的理论就没有正确的实践，缺乏理论支撑，文章的立意会显得非常苍白，没有高度。那么，如何提高理论高度呢？

一是要学习和掌握一些哲学理论。哲学是思想力的根本，是公文写作者必须牢牢掌握的基本知识与基本原理。文稿起草的过程，就是一个运用哲学思想认识问题、分析问题、解决问题的过程。没有哲学思想的指引与统领，就没有对事物或问题的本质认识，就难以提升文稿的价值。例如，党中央反复强调要坚持高质量发展，阐述这一命题时，具体到一个地区、一个行业、一个领域如何对这一概念加以界定，从哪些角度进行论述，就可以充分运用哲学思维。比如，基本内涵运用本体论，主要特征运用现象学，发展目标用目标论，这就是哲学认识论的综合运用，能为文章增添理论逻辑。

二是要学习掌握马克思主义中国化时代化的最新理论成果。特别是党的十八大以来提出的一系列前沿理论成果。例如，党的二十大报告的第二部分专门论述理论创新，展开论述了"两个结合"，即把马克思主义基本原理同中国具体实际相结合、同中华优秀传统文化相结合，首次系统阐述了"六个必须坚持"，即必须坚持人民至上、必须坚持自信自立、必须坚持守正创新、必须坚持问题导向、必须坚持系统观念、必须坚持胸怀天下。这"六个必须坚持"，是中国化时代化的马克思主义世界观和方法论，是贯穿党的创新理论的立场、观点、方法。这就要求我们深入领会党的创新理论的道理、学理、哲理，做到知其言更知其义、知其然更知其所以然，切实把党的创新理论体现到公文写作的具体实践当中。

三是要对专业领域的理论成果加以学习。如果在党建部门工作，就必须熟悉党建知识，了解全面从严治党的要求。在政府部门工作，就必须对行政管理方面新的理论要求非常了解。在企业工作，应该掌握一些有关市场经济、财务会计、财政金融、国企改革等方面的基本理论。比如，作为石油行业的公文写作者，就必须通晓石油行业的发展规律和趋势。如果要阐述为什么中国石油企业要走出国门、迈向世界这个问题时，就可以从以下几方面分析原因：这是保障国家能源安全的重要基石，是遵循国际石油行业发展的一般规律，是顺应经济全球化浪潮的内在需要，是满足国际资本市场要求的重要途径。

公文写作者用这样的一些理论武装头脑，指导写作，就能对当前事物的思考提升高度、拓展广度，提高思维的层次。从理论、政策层面分析问题，在全局中审视事物，在大的趋势中判断事物。所谓"登泰山而小天下"，只要心系全局、心系大势思考立意，事物自然看得更全面，问题自然看得更透彻，整篇材料自然具有了思想性和指导性。所谓"不识庐山真面目，只缘身在此山中"，立意时如果仅仅就事论事，不跳出原有层面，则会陷入当局者迷的困境，文稿的立意自然平庸。

有了理论高度，思想深度、独特角度和文章的气势就随之而来。思想深度就是对问题的思考深入独到，对事实分析到位，能揭示事物本质及内部规律，包含深刻的思想意义，观点具有哲理性、理论性，能启发受众思考，扩展受众思路。假如对事物的思考浮于表面，不能深入，仅仅是泛泛而谈，文稿的思想性便大打折扣。要做到有深度的思考不是一朝一夕能办到的，深度要以广度为前提，需要长期坚持多积累和勤思考。独特角度就是抓住最能说明事物本质特征或最能反映事物真正价值的角度，给人耳目一新的思想启发，做到"从意中所有，从语中所无"。角度抓得好，文稿一起笔便引人入胜，能显示出不同一般的见解，议论出新意来。对同一个问题和事物，从不同的角度去阐述，体现的见解是不一样的，背后是理论水平和思想水平的高下。只有从新的角度观察事物，才能发现事物新的特点；从新的角度分析事物，才能获得对事物的新认识。

文章气势是一种力度美，所表达出的是作者坚定的理念、激越的情感和强烈的感受。文章为什么有气势？从根本上讲，因为有思想，有洞见。

有了高度，有了深度，有了气势，文章就称得上内外兼修，自然神采奕奕。

# 【修改要旨】

听了山羊胡的讲解，小毕找到了修改的方法和窍门。

一是要提升文章的立意，站位全局，把握趋势，抓住关键，认识本质，洞察规律，为文章定下基调和更扎实的思想基础。

二是从理论上、思想上给予升华，进行更高的理论概括，做到有理论高度，有论述深度，有独特角度。

三是根据文章立意，服务阐述观点的需要，补充有说服力的论据材料，使思想站得住脚，观点有说服力，论点与论据相一致，做到内容充实，言之有物。

四是尽可能把文章气势体现出来，运用一些行文的技巧，认真锤炼语言，尽可能多使用结构简单、节奏明快的短句，使用雄壮有力、气势铿锵的措辞，适当运用排比、对偶、反复，文字简练干净，贯以真挚饱满的感情，读起来音节和谐，音调铿锵，气势充沛。

# 【例文剖析——修改稿】

经过修改后的定稿如下。

# 在中国发展高层论坛2017年会上的致辞

女士们，先生们：

大家上午好！

在人类应对气候变化历史上具有里程碑意义的《巴黎协定》于2016年11月4日正式生效，《巴黎协定》勾勒出了全球环境和发展的新秩序，把人类发展装进了"环境的笼子"。这不仅开启了全球气候治理的新纪元，也将进一步推动世界能源格局的重塑。

气候变化之所以成为话题，是因为人类经济发展与能源消耗、环境承载之间存在着一定的冲突，特别是近代工业化以来，这种矛盾日益突出。从蕾切尔·卡逊在《寂静的春天》中的呐喊，到布伦特夫人牵头提出的"可持续发展"理念，到《联合国气候变化框架公约》《京都议定书》一直到《巴黎协定》的签订，人类对待环境和气候，经历了从漠视到关心、从掠夺到保护、从各自为战到携手共治的过程。

《巴黎协定》规定了未来温室气体的排放容量，确定了控温的具体目标。它体现了世界各国对气候环境的公共产品属性有了更深的认识，从某种程度上，它是人类真正第一次为共同的目标而奋斗，从而使"人类命运共同体"从概念变成现实。这也说明，经济发展与环境气候的矛盾并非不可调和，人类永远有能力去破解共同的难题，前提在于我们拥有对共同命运的深切关注，以及足够的智慧和果敢的行动。

虽然《巴黎协定》的实施依然存在一些不确定性，但我认为，从长远看，减缓和适应气候变化，走可持续发展道路的大势不可逆转。《巴黎协定》凝聚了当前国际社会在气候变化问题上的基本共识，它的最大价值就在于，为人类找到了促进经济发展的同时，减缓能源消耗对环境负外部性的可行路径，因此它不是终点，而是走向新的光明大道的起点。

中国是一个历史文化悠久的国家。2016年，G20杭州峰会决心推动包容和联动式发展，为未来全球长效治理体系与机制奠定了可持续与包容发展的基调。在中国的文化中，自古就有"天人合一"的理念和"民胞物与"的情怀，这些思想，使我们在发展经济和追求美好生活的同时，树立善用能源、呵护环境的重要理念。同时，中国也是一个开放的、负责任的大国。对于气候变化问题，中国对于《巴黎协定》采取的态度和立场充分展现了大国风范，展示了中国作为负责任的发展中大国的担当。

能源与环境关系如此密切，所以从本质上说，《巴黎协定》是一项能源协定。当前，全球能源正在经历"六个化"的深刻变革，即能源供需宽松化、能源结构低碳化、能源格局多极化、能源治理复杂化、能源安全多元化和能源系统智能化。在《巴黎协定》生效的推动下，全球能源结构转型的步伐将进一步加快。未来的能源结构将会是更加多元化的，各种能源形态都将在其中发挥作用，所以《巴黎协定》实施和能源结构转型，不是化石能源的末路，依靠科技创新实现高效清洁利用，化石能源仍将为人类发展贡献光和热。

当前，中国正在深入推进能源生产与消费革命，将以化石能源清洁化和清洁能源规模化为发展方向，稳步实现能源结构转型和减排目标。中国的经济发展需要大量的能源作为支撑，中国的资源禀赋和现有能源结构，决定了化石能源仍将发挥重要作用，特别是油气在中长期内仍将作为我国的主体能源。

作为一家以油气生产为主业的能源公司，我们关注能源的生产，也同样关注环境的保护。我们认识到，天然气作为清洁高效的化石能源，在未来能源体系中将发挥更加重要的作用，所以我们从20世纪90年代开始，就在中国率先发展液化天然气产业，至今累计引进LNG资源超1亿吨，成为全球第二大主力LNG采购商，在沿海多个省市建成LNG接收站和输气管网。

作为一家一直致力于为社会提供更加安全清洁高效能源供给的企业，《巴黎协定》的生效带给我们的不只是挑战，更是发展的机遇。我们愿与国内外的企业携手，共同发展和进步，共同为绿色低碳发展做贡献。

---

山羊胡把小毕叫来，拿着改后的稿子，做了一番剖析。

修改后的演讲稿，虽然仅有短短的1500多字，但在立意上较有特点，既准确地表达了对气候问题的深刻洞察，又恰当地表明了企业的理念和立场，传递出了推动绿色低碳发展的信念和诚意，是一份质量很高的演讲稿。

在几分钟时间里，阐述了对《巴黎协定》的独到见解和深入思考，发出了有意义的倡议，展示了中国企业的责任担当和良好形象，表达了对未来的良好愿望和真诚期待。它的成功，在于做到了准确立意，并通过恰当的内容和语言表述将其立意表达得淋漓尽致。

第一，从定位上说，讲话的场合是一场高规格的论坛，演讲者是企业的高管，这就要求定位要准确，不能局限于一家企业的视野，而是要从企业界如何认识、把握和适应《巴黎协定》带来的新趋势，如何推动能源绿色低碳发展，如何共同构建全球能源治理良性机制的角度来谈，这样才符合演讲者的身份和当时的场合，这个演讲稿做到了这一点。

第二，从理论的高度说，一个以能源业内人士为主要受众的论坛，决定了演讲稿中对所谈问题要有深入的研究，要有极为专业的见解，要有不同于一般人的认识高度。演讲开篇就说："《巴黎协定》勾勒出了全球环境和发展的新秩序，把人类发展装进了'环境的笼子'。这不仅开启了全球气候治理的新纪元，也将进一步推动世界能源格局的重塑。"这里对《巴黎协定》有非常准确的认识，是从全球气候治理和世界能源格局重塑的角度谈，站位很高。

在谈到《巴黎协定》与能源的关系时说："当前，全球能源正在经历'六个化'的深刻变革，即能源供需宽松化、能源结构低碳化、能源格局多极化、能源治理复杂化、能源安全多元化和能源系统智能化。在《巴黎协定》生效的推动下，全球能源结构转型的步伐将进一步加快。未来的能源结构将会是更加多元化的，各种能源形态都将在其中发挥作用，所以《巴黎协定》实施和能源结构转型，不是化石能源的末路，依靠科技创新实现高效清洁利用，化石能源仍将为人类发展贡献光和热。"这里对全球能源变革总结了"六个化"的特点，而且对未来能源结构和化石能源的前景都做了非常精彩的阐述，表现了深厚的专业功底。

在谈到中国能源发展时说："当前，中国正在深入推进能源生产与消费革命，将以化石能源清洁化和清洁能源规模化为发展方向，稳步实现能源结构转型和减排目标。"这里概括得准确到位，理论性强。

第三，从思想深度说，时间很短的演讲也能容量很大，内涵很深，思想很独到，这就不能停留于就事论事，而要挖掘出事物背后的思想内涵，触及问题的内在本质。在谈到《巴黎协定》的意义时说："它体现了世界各国对气候环境的公共产品属性有了更深的认识，从某种程度上，它是人类真正第一次为共同的目标而奋斗，从而使'人类命运共同体'从概念变成现实。"从人类命运共同体的角度来认识《巴黎协定》，揭示了事物的内在规律和深刻本质，发人深省。

在谈到中国文化与低碳理念的关系时说："在我国的文化中，自古就有'天人合一'的理念和'民胞物与'的情怀，这些思想，使我们在发展经济和追求美好生活的同时，树立善用能源、呵护环境的重要理念。"这里既有独特的视角，也有历史文化的底蕴，拓展了受众的思维广度和深度。

第四，从气势上来说，这篇演讲气势旺盛，感染力强，有势如破竹之感。

体现在气魄上，从G20杭州峰会的内容和重大意义，到中国政府作为开放的、负责任的大国，采取的态度和立场充分展现大国的风范，在中国的主场，依托强大的中国，演讲者作为中国企业家，表现出一种宏大的气魄。

体现在信心上，演讲者对《巴黎协定》的前景表现出强烈的乐观预期，但这种乐观又不是盲目的，而是建立在理性的基础上。"经济发展与环境气候的矛盾并非不可调和的，人类永远有能力去破解共同的难题，前提在于我们拥有对共同命运的深切关注，以及足够的智慧和果敢的行动。""从长远看，减缓和适应气候变化，走可持续发展道路的大势不可逆转。""它的最大价值就在于，为人类找到了促进经济发展的同时，减缓能源消耗对环境负外部性的可行路径，因此它不是终点，而是走向新的光明大道的起点。"这里一咏三叹，充满说服力和感染力。

体现在节奏上，全文不用小标题分割，顺流而下，一气呵成。

体现在语言上，简练明快，干净利落，句式错落有致，用词锤炼到位。

体现在感情上，气势充沛，感情真挚，能够打动人。

第五，全文逻辑层次清晰，观点鲜明，论据充分，尺度得体，剪裁得当。开篇第二段提出观点，"气候变化之所以成为话题，是因为人类经济发展与能源消耗、环境承载之间存在着一定的冲突"，对事的论断极为精准，观点非常鲜明。并随之论述："从蕾切尔·卡逊在《寂静的春天》中的呐喊，到布伦特夫人牵头提出的'可持续发展'理念，到《联合国气候变化框架公约》《京都议定书》一直到《巴黎协定》的签订，人类对待环境和气候，经历了从漠视到关心、从掠夺到保护、从各自为战到携手共治的过程。"这里回顾历史，文短意长，内涵丰富，信息量大，论点与论据有机结合。

在不长的篇幅里，演讲层层推进，夹叙夹议，由远及近，从历史到当今、到未来，从全球到中国、到企业，逻辑严谨，脉络清晰，鲜活的事例与显眼的观点不断出现，如大珠小珠落玉盘。在短短几分钟，兼顾到世界眼光、中国立场与企业贡献，展望行业前景充满信心，讲述企业的作为不卑不亢，尺度把握得好，素材剪裁得好，达到了恰到好处的效果，最后收尾时说："《巴黎协定》的生效带给我们的不只是挑战，更是发展的机遇。我们愿与国内外的企业携手，共同发展和进步，共同为绿色低碳发展做贡献。"斩钉截铁，意犹未尽。

这样的一篇演讲稿，就有了神采，就能立得住，就能给人留下深刻印象。而与初稿相比，几乎有化腐朽为神奇的差别，这就是文章立意所带来的高度、深度和气势。

# 第二课

## 条分缕析，眉清目秀——避免无序

后来，小毕又接到一个新的任务，公司将召开两年一度的企业管理现代化优秀成果交流会，分管领导要出席并讲话，讲话稿就由小毕来完成。

作为一家产业面较广、规模也不小的企业，公司的生产经营实践中产生了好的管理做法和经验，通过建立企业管理现代化优秀成果评选机制，鼓励基层单位积极总结提炼管理成果，并在总部层面进行评选和交流，这样有利于激励各单位不断改进管理，有利于优秀成果间的互相交流，也有利于管理经验的推广与应用。在内部评选的基础上，公司还会将其中的部分优秀成果推荐到更上一级参与评选，以传递公司良好的形象。这次会议是对前两年公司内部产生的优秀成果进行表彰和交流。

小毕找来了这一交流会的背景资料，根据自己掌握的情况，认真思考和起草，写出了初稿。

## 【例文剖析——初稿】

### 在企业管理现代化优秀成果交流会上的讲话

各位来宾、各位会议代表：

大家上午好！

　　今天我们在这里隆重召开企业管理现代化优秀成果交流会，首先，请允许我代表公司党组向优秀成果的获奖单位、获奖个人表示热烈的祝贺！向为每个成果做出重要贡献的实践者和总结者表示衷心的感谢！

　　自公司颁布《企业管理现代化优秀成果管理办法》以来，共评出114项公司级企业管理现代化优秀成果，申报并获得43项行业部级奖，17项国家级奖（其中一等奖9项、二等奖8项）。这些管理成果的产生与推广对促进先进管理经验的传播与交流，形成具有自身特色的现代企业管理实践模式起到了十分重要的作用。

　　我们要看到，这些成绩的取得是与公司党组提出的战略目标密不可分的。公司在战略规划中提出，到2030年，公司软实力指标要达到国际一流水平。管理能力是其中很关键的一项指标。在这一宏伟目标的指引下，公司高度重视科学管理，不断完善管理创新体系，大力激励管理创新行为，以解决企业发展中最关键、最棘手的管理问题为出发点，以企业管理现代化优秀成果的评选和申报为抓手，充分调动了广大员工参与管理创新的热情，形成了人人讲管理、重管理的良好氛围，推动了小到班组，大到集团的管理实践，使管理创新活动成为实现公司战略的必要条件和动力源泉。

　　前不久，集团公司董事长在全面开展管理提升活动启动大会上做了题为《扎实开展管理提升活动 为公司战略目标实现贡献管理价值》的讲话。董事长在讲话中提出，我们要深刻理解开展管理提升活动的内涵，全面提高公司管理水平；补齐短板，突破瓶颈，破解发展难题；狠抓成本控制，通过创新实现降本增效；加强和改进基础管理，夯实发展根基，以专项提升带动公司整体管理水平提高。我们要充分认识管理创新工作对公司全面提升管理能力，实现宏伟战略目标的重要意义，以此次企业管理现代化优秀成果交流会为契机，在全公司内掀起学习企业管理现代化优秀成果，交流企业管理创新经验，解决制约公司发展的管理瓶颈，提升公司整体管理水平的高潮。

结合公司战略规划纲要和开展管理提升活动的各项要求，我代表公司党组在此对做好管理创新工作提出几点要求。

**一、深刻领会公司战略纲要和管理提升活动内涵，形成一批有影响力、有带动力的企业管理现代化优秀成果。**

全面提升管理水平是实现战略目标的重要保障。我们要充分利用开展管理提升活动的大好机遇，强基固本、控制风险，转型升级、保值增值，做强做优、科学发展，根据所处行业特性和自身实际，重点从公司治理、业务结构、自主创新、自主品牌、管理与商业模式、企业人才开发与文化、母子公司管控、风险管理、信息化、并购重组、国际化、社会责任、绩效衡量及管理等方面总结提炼管理经验，进行管理创新，形成一批有影响力、有带动力的管理现代化优秀成果。争取能够在不断学习、模仿、消化、吸收世界一流企业的先进管理经验的基础上，取得实质性的创新突破，产生一批类似于福特生产线、丰田精益生产、GE六西格玛管理等重大管理创新成果。

**二、以企业管理现代化优秀成果为载体，总结推广公司优秀管理实践，破解公司发展难题，全面提升公司管理水平。**

中央企业全面开展管理提升活动视频会议指出，在开展管理提升活动中，要注重总结评价、成果固化工作；要科学评估管理提升活动的成果，强化成果的推广与应用。企业管理现代化优秀成果是企业管理提升经验的固化载体，是企业管理理念的高度总结，是企业管理智慧的集中体现。管理创新工作要围绕公司当前经营管理中的短板和瓶颈开展，我们不仅要评选、宣传，更要将企业管理现代化优秀成果推广应用到管理实践中，要运用先进的管理经验与方法破解公司的发展难题，使企业管理现代化优秀成果成为全面提升公司管理水平的助推器。

**三、高度重视企业管理现代化优秀成果的申报、评选和推广工作，构建企业管理创新的长效机制。**

企业管理现代化优秀成果来源于管理实践。各级领导干部和广大工人身处管理工作和生产第一线，对企业管理的薄弱环节和不完善之处有深刻的了解和体会，是生产经营和管理创新活动的践行者。在开展管理创新工作中，我们要充分调动各级组织和广大员工的积极性，主动开展管理创新活动，高度重视企业管理现代化优秀成果的申报、评选和推广工作，建立起管理创新的长效机制，从政策、资金、人员等方面为管理创新提供保障，通过建章立制固化成果，使之成为全体员工的自觉行动，形成持续开展管理创新的文化氛围，促进管理水平的不断提升，为公司战略目标的顺利实现提供强有力的保障。

同志们，国际一流的公司必须有国际一流的管理水平。我们要以管理提升活动为契机，以更扎实的作风、更细致的工作，把管理创新工作持续深入下去，探索既符合国际惯例又适应中国实际的管理新理论、新方法和新实践，向管理要效益、要效率、要竞争力，为推动公司从外延扩张型向创新驱动型发展方式转变提供不竭的动力。

・・・

小毕写完把稿子交给山羊胡，山羊胡看完，皱了皱眉头，一连指出了这个稿子的几处问题。

这份讲话稿是为企业管理现代化优秀成果交流会而写的，主体内容应该围绕优秀成果本身来展开，对这些优秀成果的情况进行介绍，对其作用加以评价，并对管理提升这项工作的背景、意义、任务、部署等进行阐述，提出明确的要求。而这篇讲话稿在内容的组织和逻辑的处理上都存在不足。

第一，逻辑不周密。既然是由管理现代化优秀成果切入，进而强调管理创新的问题，但管理创新不是天上掉下来的，它的产生需要一定土壤，需要思想意识上、制度机制上、氛围营造上都具备相应的条件。而这份讲话稿几乎没有涉及这些内容，只是直接地、干巴巴地提出要形成一批成果、要破解公司发展难题云云，显得逻辑很不周密，让人感觉突兀。

第二，内容失焦。这个会议的主旨是加强成果交流和推进管理创新，但全篇对这些方面谈得并不多，而是用更多的篇幅在讲关于管理提升活动的事。管理提升活动是当时的背景，也是上级的要求，但管理提升与管理创新并不等同，二者在工作思路、关注重点、组织方式等方面都有很大差异，因为没有有效地加以区分，造成了内容失焦，将切入点变成了着力点和落脚点。

第三，思维跳跃，衔接生硬。在前面几段中，内容从优秀成果评选情况谈到公司的战略目标，又谈到管理提升活动，花了很多的篇幅，都没有进入主题，显得"领脉过远"，而且这几个方面的内容在论述时，缺乏环环相扣的逻辑联系，内容之间的勾连随意而生硬，观点也显得牵强，经不起推敲。之后提出的做好管理创新工作的三个方面要求中，在具体内容的论述上也非常跳跃，题目与内容之间、内容的不同层次之间，都缺乏有机的联系，显得松散和无序。

第四，层次失当。对做好管理创新工作提出的三个方面的要求，看不出合理的逻辑层次，第一条是强调要形成一批成果，第二条是提出要把成果运用于实践，第三条是要求高度重视管理创新工作。如果是按事物发展的递进逻辑，那么第三条应该放到最前面。而现有的层次划分，看不出是什么逻辑关系。

小毕本来信心满满，被山羊胡一说，像泄了气的皮球，可心里还是有些不服气，想知道问题究竟出在哪。

# 【同类问题描述】

山羊胡举一反三，把这一类的问题归结为"无序"。

一些稿子虽然立意较好，也显得有高度，但逻辑不清晰，层次不分明，内容比较空洞，思路不够严谨。乍一看写得很有气势，有观点，甚至还有不少新名词，但仔细一看，具体内容比较空泛，观点与观点之间、层次与层次之间缺乏必然的逻辑联系，有的观点没有佐证的材料，或者观点与观点之间是矛盾的，观点和内容没有达到有机统一，融为一体。

# 【理论讲解】

山羊胡说："文章无序，往往是那些具有一定理论素养但初学公文写作的人容易犯的错误。"小毕一听脸红了，也不得不暗中承认。

如何才能使文章有序？山羊胡进行了讲解。

第一，结构要清晰，做到层次有序。

文章的主题和内容一旦确定，就涉及安排结构的问题。结构应该做到层次分明，条理清晰，概括精辟，言之有序。

确定结构的思维过程就是布局，从宏观上对整篇文章的结构进行谋划安排。结构是文章的骨骼，支撑着文章的躯体，骨骼挺立，脉络分明，才会让人赏心悦目。所以，文章布局的好坏，直接影响到表达效果。只有对文章精心构思，对文章的布局合理安排，才能写出结构严谨、条理通达、张弛有序、收放自如的好文章。

比如拿领导讲话稿来说，一般都是要解决问题或推动工作的。围绕着问题和工作，往往从逻辑上需要讲清楚几个要点。一是讲历史，对过去工作进行回顾和概括，总结经验，吸取教训。二是讲现状，分析形势，对当前工作所处阶段、状态和程度进行判断和定位。三是讲趋势，站在新的起点上预见下一步的发展方向和目标，在做到心中有数的同时增强干部群众的信心。四是讲症结，指出存在的突出问题，并说明问题产生的原因以及处理不当可能造成的后果，做到实事求是，不回避问题、不推诿责任。五是讲对策，明确目标任务，提出指导意见，拿出对策措施。六是讲保障，明确完成目标任务的保障举措，确保对策措施落实到位，取得实效。如果抓住这几个要点来组织内容，结构就会比较清晰。当然，这六个要点并不一定每一篇讲话稿都齐全，往往要根据讲话的侧重点加以灵活运用。

值得一说的是，在讲话稿的谋篇布局上，一般都有"无三不成文"的惯例。从工作部署的角度讲，要提出问题、分析问题、解决问题；从贯彻落实的角度讲，既要讲统一思想认识的问题，也要讲下一步的工作重点、目标、方向等，还要有组织实施的保障。特别是综合性的讲话，在行文格式上，第一部分大都是讲认识问题，第二部分讲需要抓好的重点工作，第三部分讲如何保障工作落实。

文章谋篇布局为什么要遵循一定的规律呢？表面上看是表现形式问题，其实从深层上说，它反映了人们的认识规律，是多数人习惯的思维方式和接受方式。"是什么""为什么""怎么做"三个要素齐全了，才更有助于人们理解和认识事物。除了文章大体结构外，在文章每一部分内容的安排上，一般也要讲三点或以上。

当然，"无三不成文"并不是说什么文章都一定采取三段论，还是要具体情况具体分析，有时比较简单的稿子也可以是两部分，而内容非常多、容量非常大的稿子，有时也可以用四块式或者多块式，形式要服务内容表达的需要。而且要注意的是，不能机械地理解"无三不成文"，以为什么问题只要抛出三个观点就一劳永逸、万事大吉了，而是要使每个观点站得稳、立得住，观点与事实有机融合。

第二，思维要严谨，做到逻辑有序。

文章表面的结构，其实是背后的逻辑思维的呈现，只有逻辑清晰严谨，表达才会清楚明白。世界上的事物是有机联系、相互影响的，它们之间存在着内在的逻辑关系。公文是客观事物的反映，它的部分与部分之间、段与段之间、句与句之间有着一定的逻辑关系。把事物之间的关系理清了，文章也就好写了。逻辑关系不清，必然导致思维混乱、文章结构和文字表达混乱。

逻辑是人们正确思维、论证和表述的重要工具，是思想力的表达形式。概念、判断、推理，既是公文起草的基本方法，也是逻辑学的基本要素。公文起草本身就是在运用概念，就离不开逻辑。注意加强逻辑方面的训练，提高使用概念、提出命题和进行推理的本领，公文写作者在认识事物和思考问题时，就能够做到概念明确、命题恰当，推理有逻辑性，论证有说服力。

注重逻辑具有几个方面的重要作用。一是可以更好地认识问题、分析问题。公文起草的过程也是人的思维认识活动过程。在认识活动中，可以根据逻辑知识，将已知的一般原理、规律性的知识应用到个别的事物上去，从而得出新的结论；也可以由已知的个别的、特殊的知识概括出一般性知识，从而扩大知识原理的适用范围。

二是可以提高语言表达能力。公文旨在表达思想，要提高思想表达效果，就必须做到观点明确、用词恰当、文理通顺、条理清晰、富有说服力。这些都与逻辑问题密切相关。

三是能有效掌握和学习新知识。任何一门学科都是由一些基本概念和命题组成的，都有独立的范畴体系。而概念之间的关系、命题之间的关系与推演、某个命题的证明，都是建立在逻辑规律的基础之上的，它们相互之间有着内在的逻辑联系。如果我们具有一定的逻辑知识，就可以分析相关素材的内在结构和相互之间的逻辑关系，从而快速学习一个新领域的知识，较快地、较准确地完成一篇文稿的逻辑再造与重构过程。

四是可以识别和揭露逻辑错误。逻辑所代表的正确思维形式及其所应遵守的规律规则，是识别谬误的准绳。掌握了正确的思维形式及其规律规则，就可以自觉地发现和避免逻辑错误。有一些公文出现概念混淆、改换论题、自相矛盾、因果倒置、同题反复、循环论证、文题不符、以偏概全等逻辑错误，就是由于公文写作者没有掌握起码的逻辑规则，公文写作者懂得逻辑知识，就能很轻易地发现这些错漏之处，加以纠正和补救，使之更具说服力。

第三，思考要周密，做到内容有序。

公文的内容结构，讲究坚实、有力，需要考虑五点。一是制高点，即从什么高度去观察思考，从什么角度来展开论述，也就是通常说的出发点。二是中心点，即公文最想突出的是什么，最想说明的是什么，最想解决的是什么。三是连接点，即公文层次是否清晰，线索是否连贯，逻辑是否严密，层与层之间、段与段之间、句与句之间转折过渡是否自然平稳。四是平衡点，即公文每一部分、每个问题、每个层次之间，着墨多少，比例大小，也就是通常说的"黄金分割点"。五是支撑点，如何运用科学的数据、鲜活的事例等材料增强公文的说服力和可读性。

总之，一篇结构合理的公文，既不能头重脚轻，也不能头小尾大，更不能上下一般粗，须如古人讲的"凤头、猪肚、豹尾"那样，努力做到内容协调有序。

在行文技巧上，一般每个段落开头，首先要有一句高度精练概括的语言，然后细述；在讲某一项工作的重要性时，都要有一句或一小段高度概括的观点，阐述对这个工作的认识和判断，以提升文章的理论性和思想性，也有助于体现文章的逻辑和层次。

# ▍【修改要旨】

听了山羊胡的讲解，小毕连连点头。他认为，要做到层次有序、逻辑有序、内容有序，一是要抓住主干，搭建框架，从源头上把握好有序的要求，这个主干就是一个稿子的提纲；二是要理顺文章内容层次之间的逻辑关系，做好起承转合。

第一，在正式写作前拟订一份好的提纲。

围绕主题设计结构是起草公文的重要方略，而结构要通过列提纲进行细化并固定下来，以便写作时有所遵循。制作一份准确、完整的写作提纲，文章就等于成功了一半。

提纲的重要性主要体现在，它是对文稿内容的初步框定，为整个文稿的走向划定了"轨道"，能起到提纲挈领、纲举目张的作用；它是思考逻辑与文本逻辑的结合，因而是公文写作者思考过程的呈现；它是文稿的"初级产品"或者"胚胎"，可以作为交流汇报的载体。

拟订提纲一般有两种方式。一是列书面提纲，提纲的详略应根据内容需要和起草者行文习惯而定。重要讲话提纲应尽可能列得细一些，甚至可以细到每段几个层次，每个层次包含的要点以及精彩的阐述语言等，然后稍加扩充、润色、归整，就可以成一篇像样的文稿。二是在心里列提纲，也就是打腹稿。虽没布局成文，但脑子里勾画了轮廓，短一些、急一些的文稿多采取这种办法。无论是列书面提纲还是打腹稿，都要始终围绕主题来进行，一级提纲紧扣主题，二级提纲紧扣一级提纲，做到环环相扣，首尾相顾，浑然一体。

提纲是破题的一个重要手段，构思和拟定提纲也是进入写作状态的一个过渡阶段。对于要写的题目，公文写作者经过认真调查研究、深入思考，广泛搜集素材、了解情况，对要写的题材有初步的认识，对主题、结构、内容有一些大致的想法，这就是一个提纲的雏形。把这些想法转化为一个文稿的内容框架，就形成了一份提纲。提纲一旦形成，公文写作者就在头脑中形成了一篇文稿的整体概念，能够做到心中有数，胸有成竹。

比如，要写一篇关于应急管理的体会文章，就可以先拟订一份如下的提纲。

一、深刻认识提高应急管理能力的重要意义

（一）充分认识加强应急管理的必要性和紧迫性

加强应急管理是确保国家安全和社会稳定的必然要求。

加强应急管理是确保中央企业可持续发展的重要基础。

加强应急管理是确保公司健康发展的迫切需求。

（二）现代应急管理呈现新特征

一是坚持以人为本，生命至上的理念。

二是实现政企联动的管理模式。

三是强化法治化、制度化管理。

四是现代先进技术手段成为重要支撑。

（三）当前我国应急管理的新形势和新情况

二、坚持和发扬应急管理已有的经验做法

（一）坚持落实企业的主体责任

（二）坚持以预防为主，加强安全底线意识

一是牢固树立安全底线意识。

二是持续加强隐患排查治理。

（三）坚持体系化建设，构建"四位一体"全面应急管理体系

一是持续完善移动应急指挥系统。

二是建立应急资源管理平台。

三是大力提升应急救援队伍能力建设。

四是建设保障能力强的应急响应基地。

（四）坚持在实战中检验，切实提升应急能力

一是定期组织安全演习。

二是有效应对事故灾害。

三是主动参与外部救援。

三、以改革创新精神推进安全生产应急管理建设

（一）切实落实企业主体责任，增强应急管理的责任意识

（二）以《中华人民共和国安全生产法》为依据，提高应急管理的制度化规范化水平

一是认真贯彻落实新《中华人民共和国安全生产法》要求。

二是持续加强隐患排查治理。

（三）把应急管理纳入公司管理体系构建重要位置，不断提高预案的针对性、实效性

一是增强应急预案的实战性。

二是推动应急管理工作"三同时"建设。

（四）以提高应急处置和救援能力为目标，全面促进应急管理水平

一是持续提升应急实战能力。

二是加强应急管理的基础建设。

三是持续加强应急文化建设。


有了这样一份提纲，就不难写出好的稿件。但要注意的是，提纲是过程性的，同时是开放性的，不能画地为牢。有了提纲之后，还要听取各方面意见，形成有效的互动，要进一步思考和深化认识，对提纲中模糊存疑的地方加以验证，增加确定性，对一些有所偏差的地方进行校正，在此基础上调整和完善提纲，组织材料进行写作。这是一个持续的思考和研究的过程。既要

重视提纲，又不能完全依赖提纲，需要辩证地看待。

第二，在写作中要注意逻辑连接，做好起承转合。

文章结构要清晰有序，特别要注意写作当中的起承转合，尽量做到脉络分明，一气贯通。起与合，指的是文章的开头与结尾；承与转，指的是文章内部的连接与过渡。文章就像一部机器，起承转合就是装配的技巧，也就是文章写作的基本技巧。"起"要开门见山、直奔主题，"承"要顺水推舟、自然平顺，"转"要顺势而为、力挽狂澜，"合"要水到渠成、干净利落。

起承转合不仅仅要体现在文章的构架中，体现在段落与段落之间，还要体现在句与句之间，在宏观、中观和微观层面都要很好地运用。文章上下句之间没有必然联系，不讲承转关系，生拼硬凑，是写作之大忌。

# ▌【例文剖析——修改稿】

按照以上思路，小毕先撰写了提纲，然后重新修改完善，形成稿件如下。

- - - - - - - - - - - - - - - - - - - - - - ・・・

## 夯实管理基础　强化管理创新
## 推进公司管理水平再上新台阶
### ——在企业管理现代化优秀成果交流会上的讲话

同志们：

今天，我们在这里隆重召开企业管理现代化优秀成果交流会。首先，我代表公司党组和管理层向过去两年企业管理现代化优秀成果评选的获奖单位、获奖个人表示热烈的祝贺！公司开展企业管理现代化优秀成果评比活动以来，不但涌现出了一大批优秀的管理成果，更重要的是，通过这项活动的开展，使重视管理、创新管理、提升管理在公司蔚然成风，有力地推动了公司整体管理水平的提高。到目前为止，共评出114项公司级企业管理现代化优秀成果，其中43项被评为行业部级奖，17项获得国家级奖（其中一等奖9项、二等奖8项）。可以说，这些管理成果的产生与推广，是公司软实力建设的重要组成部分，对促进先进管理经验的传播与交流，形成具有公司自身特色的管理模式，提升公司发展的质量和效益都起到了十分重要的作用。

纵观历届获奖成果内容的变化和演进，我们可以明显地感觉公司在管理方面的发展轨迹。这些成果蕴含了现代企业管理理念，紧密结合企业自身实际，积淀了公司多年来在管理领域的点滴进步，凝聚了无数人的智慧和心血，从一个侧面反映出了公司的管理水平不断跨越和提升的过程。这也充分说明，我们不但能为国家和社会贡献物质成果，也能贡献思想财富和精神成果。

发展无止境，创新无穷期。在企业发展的不同阶段，管理的内容、对象会发生变化，但强化管理、创新管理是永恒不变的主题。当前，公司处于历史的新起点，提升科学管理水平是适应新发展阶段的迫切需要；目前正在统一部署开展管理提升活动，对加强管理工作提出了新的要求；刚刚结束的中央巡视组的巡视工作中，对于全面夯实管理基础也提出了一些反馈意见，我们必须认真加以整改。这一切归结起来，要求我们必须根据新的形势和要求，更加重视管理创新，把管理创新作为企业各项工作中最基础也最关键的一环来抓。今年的领导干部会已经初步确定以"强化基础管理，夯实发展根基"为主题，届时公司主要领导将围绕这一主题做重要讲话，我在这里先就优秀管理成果评选和加强管理创新的相关工作提几点意见。

一是要提高思想认识，高度重视管理创新工作。管理能力是企业发展重要的软实力，管理创新是企业创新体系中的关键内容，是实现科学发展的重要内容，是加快转变发展方式的重要保障，是履行好中央企业肩负责任和使命的重要基础。各级领导要高度重视管理创新工作的重要性，善于从日常的繁忙事务中跳出来、冷下来，站到更高的层位上思考、研究和推进管理创新工作。各单位要进一步加大管理创新工作力度，始终将其作为一项基础性、战略性工作来抓，切实强化对企业管理创新工作的引导和支持，为开展管理创新创造良好条件。继续开展好管理创新工作和优秀成果评选活动，使之成为管理创新工作的有力抓手和良好载体。

二是要认真总结管理经验，形成一批优秀管理成果。我们在工作中不但要善于学习，更要善于消化吸收，善于思考和总结；不但要善于创造性地开展工作，而且要善于在工作中提炼管理成果，并通过有效的形式使之得到传承和推广，从而指导新的实践。经过多年的发展，我们在管理实践中积淀了大量优秀的管理理念和措施，在各个领域都孕育了宝贵的管理经验，这些是我们自己管理创新和文化建设的成果，值得我们好好挖掘、总结和提炼，形成一批有影响力、有带动力的管理现代化成果，将其作为具有自身特色的管理模式的重要组成部分，为公司打造"百年老店"提供管理和文化积淀。我们开展企业管理现代化优秀成果评选活动的宗旨并不只是为了评奖，而是要进一步加强对管理经验的总结，推动管理的创新，形成更多更好的管理成果，并转化为公司发展的软实力和竞争力，更好地推动公司发展，为公司战略目标的实现奠定坚实基础。

三是要加强成果宣传推广与应用，营造良好氛围。企业管理现代化优秀成果是企业管理经验的固化载体，是企业管理理念的高度总结，是企业管理智慧的集中体现。但总结成果并不是终点，更重要的是在实践中推广和应用，从而产生更大的价值。管理大师德鲁克说过："管理的本质不在于知，而在于行；不在于逻辑，而在于验证。"我们不仅要评选出优秀成果，更要宣传好这些成果，把它们更好地推广应用到管理实践当中。新闻中心等单位要采取有效形式，加大对这些优秀成果的宣传力度，使它们被更多的人知晓和了解；各单位、各部门要加强对各自成果的推广，以通俗易懂、灵活多样的形式介绍其精髓，使其得到更快、更大范围的应用；各级管理者要善于从这些优秀的成果中学习借鉴，找出具有共性的管理理念和措施，举一反三，运用到自己的工作当中。要在全公司上下营造宣传优秀成果、学习优秀成果、运用优秀成果的良好氛围。

四是要构建管理创新的长效机制，全面提升管理水平。企业管理现代化优秀成果来源于管理实践，实践在不断发展，管理创新也没有止境。身处管理工作第一线的各级干部员工，对企业管理的薄弱环节和瓶颈有深刻的了解和体会，是管理创新的主体和创新成果的践行者。我们要充分调动大家参与管理创新的主动性和积极性，建立起推动管理创新的长效机制，从政策、资金、人员等方面为管理创新提供保障，把管理创新活动规范化、长期化、常态化，使管理创新成为全体员工的自觉行动，通过管理创新破解管理难题，全面提升管理水平。

同志们，国际一流公司必须具备国际一流的管理水平。我们要以公司战略目标为引领，以管理提升活动为契机，以管理成果评选为抓手，求真务实，扎实工作，全面加强基础管理，持续推进管理创新，向管理要效益、要效率、要竞争力，推动公司管理水平再上新台阶！

小毕改后的稿子得到了山羊胡的赞赏，它的优点主要体现在以下几个方面。

第一，思路清晰，观点鲜明而突出。以管理成果为切入点，以管理提升活动以及公司战略规划为背景，突出管理创新，对管理创新进行深入的探讨和全面的部署。在整个稿子的构思上思路非常清晰，从大处着眼，立意深远，对管理创新的重要性、必要性、紧迫性以及意义、价值、目标、任务、要求、具体安排等都做了详细的部署，但又不杂乱，其原因就在于始终有一条清晰的主线在统领、贯穿和驾驭着全文。

为了体现这一思路，文中不是简单地就事论事，而是用素材和观点进行有机组合，形成轻重错落的效果。在事实的基础上，提炼了很多鲜明的观点，成为文章的重要组成部分，支撑了文章内容，使其跌宕起伏，引人入胜。

比如，在礼节性地开头并概述了成果评选的情况、列举了相关事实和数据后，落笔写道："这些管理成果的产生与推广，是公司软实力建设的重要组成部分，对促进先进管理经验的传播与交流，形成具有公司自身特色的管理模式，提升公司发展的质量和效益都起到了十分重要的作用。"这就深化了内容，提升了理论含量。

紧接着一段："纵观历届获奖成果内容的变化和演进，我们可以明显地感觉公司在管理方面的发展轨迹。这些成果蕴含了现代企业管理理念，紧密结合企业自身实际，积淀了公司多年来在管理领域的点滴进步，凝聚了无数人的智慧和心血，从一个侧面反映出了公司的管理水平不断跨越和提升的过程。这也充分说明，我们不但能为国家和社会贡献物质成果，也能贡献思想财富和精神成果。"这一段既有历史纵深感，又高度概括地指出了这些成果背后的意义，最后将其提升到贡献思想财富和精神成果这一层面，凸显了它的价值，也增强了与会人员的荣誉感。

还比如，在谈到要认真总结经验形成成果时说："我们在工作中不但要善于学习，更要善于消化吸收，善于思考和总结；不但要善于创造性地开展工作，而且要善于在工作中提炼管理成果，并通过有效的形式使之得到传承和推广，从而指导新的实践。"这样的观点既符合马克思主义的认识论，也充满了辩证思维。在接下来对总结提炼管理经验进行阐述后，到这一段最后又说："我们开展企业管理现代化优秀成果评选活动的宗旨并不只是为了评奖，而是要进一步加强对管理经验的总结，推动管理的创新，形成更多更好的管理成果，并转化为公司发展的软实力和竞争力，更好地推动公司发展，为公司战略目标的实现奠定坚实基础。"观点前后衔接，逻辑层层推进，认识不断加深，让人知其然而且知其所以然，知其表而且知其里，让人从不同的角度、不同的侧面对管理创新工作有了更深刻的认识。

第二，内容有序，段落与层次之间逻辑严密。全文主体分为四个大的部分，分别是：要提高思想认识，高度重视管理创新工作；要认真总结管理经验，形成一批优秀管理成果；要加强成果宣传推广与应用，营造良好氛围；要构建管理创新的长效机制，全面提升管理水平。从大的结构来说，从思想意识，到形成成果，到营造氛围，到构建机制，逻辑非常严谨，既是一种事物发展的客观的递进关系，也是一种主观工作思路的呈现。有了这样的思路框架，整个稿子就能做到层次清晰有序。

大的部分如此，到各个段落以及段落内部的各个层次也是如此。例如，在第一部分的最后提出要求："各单位要进一步加大管理创新工作力度，始终将其作为一项基础性、战略性工作来抓，切实强化对企业管理创新工作的引导和支持，为开展管理创新创造良好条件。继续开展好管理创新工作和优秀成果评选活动，使之成为管理创新工作的有力抓手和良好载体。"这是对全段的回顾，也是落脚点，用"基础性、战略性"与前文对管理创新的意义揭示相呼应，又非常自然地结合优秀成果评选来谈，用"有力抓手和良好载体"建立逻辑联系，而且与全文所处的会议背景和主旨相契合。

在局部内容的层次上同样如此，比如在谈到要大力营造氛围时，对内部相关方提出明确要求："新闻中心等单位要采取有效形式，加大对这些优秀成果的宣传力度，使它们被更多的人知晓和了解；各单位、各部门要加强对各自成果的推广，以通俗易懂、灵活多样的形式介绍其精髓，使其得到更快、更大范围的应用；各级管理者要善于从这些优秀的成果中学习借鉴，找出具有共性的管理理念和措施，举一反三，运用到自己的工作当中。要在全公司上下营造宣传优秀成果、学习优秀成果、运用优秀成果的良好氛围。"从三个层面来谈，从总到分，从单位到个人，最后再总的要求，层次清楚，要求明确，而且各有侧重，可操作性强。

第三，结构合理，起承转合处理得当。大的段落之间，以及局部内容上，均做到结构紧凑，布局合理，不枝不蔓，不板不乱，在完整性、严密性、清晰性上都有很好的体现。每个部分的内容组织上，都是层层推进，有起始，有承接，有转切，有合题，如音乐乐章一样高低错落，抑扬顿挫。

且不要说四条要求中每一个部分都是这样处理，就连主体内容之前的过渡段都做到这一点。"发展无止境，创新无穷期，在企业发展的不同阶段，管理的内容、对象会发生变化，但强化管理、创新管理是永恒不变的主题。当前，公司处于历史的新起点，提升科学管理水平是适应新发展阶段的迫切需要；目前正在统一部署开展管理提升活动，对加强管理工作提出了新的要求；刚刚结束的中央巡视组的巡视工作中，对于全面夯实管理基础也提出了一些反馈意见，我们必须认真加以整改。这一切归结起来，要求我们必须根据新的形势和要求，更加重视管理创新，把管理创新作为企业各项工作中最基础也最关键的一环来抓。今年的领导干部会已经初步确定以'强化基础管理，夯实发展根基'为主题，届时公司主要领导将围绕这一主题做重要讲话，我在这里先就优秀管理成果评选和加强管理创新的相关工作提几点意见。"整个段落中，用"发展无止境，创新无穷期"引入，是"起"；从公司发展新阶段、管理提升活动、中央巡视整改三个发面共同烘托，是"承"；"这一切归结起来"，进入"转"；最后介绍领导干部会的主题，并过渡到下面内容，这是"合"。整个段落，虽然表意不断转换，但毫无凝滞。结构顺畅，<u>丝丝入扣</u>，一气呵成。

第四，表述有特色，夹叙夹议，说服力强。在领导讲话中，语言表述特色既是内容要素，也可以看作是结构要素，丰富多彩的语言表述风格，强化了表现力，增添了结构元素，拓展了表意的纵深空间，使容易平淡的稿件变得引人入胜，如同普通的乐曲增添了有力量有韵味的音符，从而更加吸引人。

一是认真提炼主旨句。在每一部分标题之后，用简短有力的主旨句开篇，既是对标题的延展和呼应，也是对全段的概括和提领，这些段首句可以看作是文章主题的一部分。比如，"管理能力是企业发展重要的软实力，管理创新是企业创新体系中的关键内容""企业管理现代化优秀成果是企业管理经验的固化载体，是企业管理理念的高度总结，是企业管理智慧的集中体现""企业管理现代化优秀成果来源于管理实践，实践在不断发展，管理创新也没有止境"，这些句子都是如此，提纲挈领，有势如破竹之感，而且使整个段落叙议结合，持续深化了主题。

二是拓展背景信息。自觉从更高的站位和更广的视野，审视和观照具体事物，从而凸显其价值，类似一种摄影中使用广角镜的技巧。比如，谈到要重视管理成果的推广与应用时说："总结成果并不是终点，更重要的是在实践中推广和应用，从而产生更大的价值。管理大师德鲁克说过：'管理的本质不在于知，而在于行；不在于逻辑，而在于验证。'　"引用管理大师的权威论断，使观点表达更有力度和说服力。

三是增强互动性。比如，用这样的表述："各级领导要高度重视管理创新工作的重要性，善于从日常的繁忙事务中跳出来、冷下来，站到更高的层位上思考、研究和推进管理创新工作。"有一种娓娓道来又促膝交谈的感觉，增强了表达效果。类似这样的表达还有好几处。

四是适当运用修辞。比如，企业管理现代化优秀成果是企业管理经验的固化载体，是企业管理理念的高度总结，是企业管理智慧的集中体现。运用排比的修辞，论理更充分，有很强的说服力。

# 第三课

## 点石成金，骨骼挺立——避免无骨

小毕接连碰了两次钉子，可也长进了不少，颇有越挫越勇之势。这不，来了个大稿子，在公司成立30周年纪念大会上，领导将要讲话。这个材料由谁来写，征询小毕的意见时，他一口气就答应下来。经过两周的努力，初稿出来了。

## ▌【例文剖析——初稿】

· · ·

## 继承传统　开拓未来　科学发展　奋发有为
## 努力实现"二次跨越"良好开局
### ——在公司成立30周年纪念大会上的讲话

各位领导，各位来宾，同志们：

大家好！

1982年2月15日，公司正式成立，到现在已经整整30年。30年来，在党中央、国务院的坚强领导下，在公司历届领导班子的决策指引下，在社会各界的关心和支持下，经过全体员工的团结拼搏、锐意进取，我们取得了辉煌的发展成就，公司从默默无闻到蜚声国际，以在中国海域成功建成"海上大庆油田"为标志，公司成功实现了第一次重大历史跨越。党中央、国务院对公司的发展进步给予了高度肯定，社会各界对公司所取得的成绩也高度认可。今天，我们在这里隆重集会，热烈庆祝公司成立30周年，就是要充分认识公司成立30年来取得的巨大成就，深刻总结公司的发展历程和成功经验，认真分析公司发展面临的新形势、新任务和新要求，展望公司未来的发展前景，承前启后，继往开来，凝心聚力，开拓奋进，在新的历史起点上，朝着国际一流能源公司的建设目标奋进，努力将"二次跨越"全面推向前进，为中国特色社会主义事业做出新贡献。下面，我讲三个方面的意见。

**一、30年发展成就与基本经验**

公司在改革开放的大潮中应运而生，经历了从无到有、从小到大、由弱到强的发展历程。30年来，我们充分把握改革开放的历史机遇，充分履行国家石油公司肩负的责任，充分发挥我国社会主义制度的优越性，在改革开放中开拓进取，在艰苦创业中团结拼搏，在抢抓机遇中奋发图强，战胜了前进中的一切艰难险阻，用智慧、心血和汗水，在"蓝色国土"上创造了光辉业绩，谱写了辉煌篇章，为保障我国能源安全供给，促进国民经济的持续快速发展，为改善民生、促进和谐做出了积极贡献。

回顾公司30年的改革发展历程，大致可以分成三个阶段：第一个十年，作为我国第一个全面对外开放的行业，在老一辈石油工人浴血奋战、以革命加拼命的精神创下的宝贵家底上，我们开展对外合作，引进、吸收先进技术和管理经验，加快了公司的发展进程；第二个十年，按照"石油公司集中统一、专业公司相对独立、基地系统逐步分离"的总体改革方案，逐步深化改革，创建符合国际惯例的新型管理体制；第三个十年，围绕建立现代企业制度这条主线，推动多个下属公司在境内外上市，同时大力开拓中下游业务，推进全产业链发展，加快"走出去"发展步伐，提升全球竞争力。

经过30年的发展，公司面貌发生了翻天覆地的变化，取得了令人瞩目的突出成就。

一是建立了比较完整的工业体系。通过引进、消化和吸收国外技术，形成了配套勘探开发近海油气资源的能力，并初步具备了深海作业能力，成功构建了包括油气勘探开发技术体系、工程体系、装备体系、管理体系在内的工业体系，用30年时间，走过了西方发达国家100余年才走完的路程。

二是企业综合实力大幅度提升。（略）

三是形成上中下游一体化的产业格局。从20世纪90年代开始，公司遵循行业上中下游一体化发展的规律，开始涉足中下游领域，着眼自身资源条件打造关联产品和产业，开辟价值"蓝海"，实现资源增值，通过大力开拓中下游业务，努力完善公司的产业链和价值链。经过多年努力，以惠州炼油一期工程建成投产为标志，逐步由一家单纯从事油气开采的纯上游公司，发展成为主业突出、产业链完整、上中下游一体化的综合型企业集团。

四是现代企业制度的框架初步建成。公司创造性地把中央关于国有企业改革的精神运用于企业实践，积极推进自身改革，不断强化体制、机制和管理创新，对公司进行现代化改造，核心产业按照现代企业制度运行，存续企业完成了股份化改造，集团所属控股企业比照现代企业制度进行规范治理，集团层面董事会制度正着手实施。

五是海外业务得到较好发展。从最初的单纯对外合作转变为国际合作与坚持自营相结合，到坚持实施国内国外统筹发展的战略，公司不断扩大对外开放的广度和深度。从20世纪90年代后期开始，逐步加大"走出去"步伐，海外业务快速扩展，资源获取不断加大，海外总投资、获得海外勘探面积、权益可采储量、权益产量等指标逐年增长，国际化水平大大提升。

六是党建工作取得突出成效。注重以理想信念教育引导广大干部员工牢固树立中国特色社会主义共同理想，坚定搞好国有企业的信心，提升"我为祖国献石油"的使命感。大力推进将国有企业政治优势转化为核心竞争力，构建齐抓共管的党建工作新格局，不断强化班子建设、组织建设、干部员工队伍的作风建设和廉政建设，党组织的创造力、凝聚力、战斗力不断增强，干部员工的责任感、使命感、向心力、纯洁性不断提高，艰苦奋斗的作风深入扎根，和谐企业建设扎实推进。

七是传承发展了独具特色的企业文化。在对外合作中融汇中西文化的优点，以大庆精神、铁人精神为代表的石油文化与发展实践相结合，产生了独具特色的企业文化，并不断生长演化，汇聚公司发展历程中积淀的优秀文化元素，锻造了以"爱岗敬业、求实创新"为核心内容的新时期企业精神，形成了既保有国有企业和石油行业精神底色，又具有时代性、开放性、国际性的独特企业文化，公司的品牌形象不断提升。

　　八是培养了一支优秀的干部员工队伍。30年的高效高速发展不仅取得丰硕的物质成果，也培育了一支体现我国工人阶级优秀品质、继承我国石油工人光荣传统、展现特有精神风貌，具有高度责任感、使命感、牺牲精神、奉献精神和艰苦奋斗作风的干部员工队伍，涌现出了不少在全国有影响力的先进典型。

　　公司能取得今天的发展成就，得益于党中央、国务院的坚强领导，得益于社会各界的关心支持，得益于历届领导班子继往开来的不懈奋斗，得益于全体员工的艰苦奋斗和团结拼搏。在此，我代表公司领导层向为公司事业发展做出卓越贡献的老领导、老同志致以崇高敬意，向辛勤工作在公司各条战线上的广大干部员工，向所有关心支持公司发展的同志们、朋友们，表示衷心感谢！

　　30年来，我们在推进事业发展和建设国际一流能源公司的伟大实践中，积累了十分宝贵的经验。坚持和发展这些经验，对于我们推进"二次跨越"具有重要的指导意义。

　　1. 必须自觉履行好国有企业肩负的责任与使命，把党的路线方针融入公司发展战略和规划，确保公司正确发展方向。国有企业是中国特色社会主义的重要物质基础和政治基础，肩负着重要的经济责任、政治责任和社会责任。30年来，我们始终牢记使命、认真履责，把积极贯彻落实党的方针政策作为永葆国有企业本色、履行国有企业责任的最重要途径。实践证明，公司只有始终与党的大政方针保持一致，将中央路线、方针和政策融入公司发展战略和规划之中，成为引导公司发展的执行计划和行动纲领，才能确保发展的正确方向，才能更好地履行自身责任，才能保障公司健康持续发展。

2. 必须始终将发展作为第一要务，加快发展主业，优化产业布局，注重质量效益，不断提高公司核心竞争力。30年来，我们始终抓住发展这个第一要务不动摇，始终把加快主业发展放在中心位置，咬定各个时期的发展目标，保持积极进取的精神状态，聚精会神，心无旁骛，坚持发展主业，不断做强主业，夯实公司发展基础，不断调整产业结构，优化产业布局，注重发展质量和效益，提升公司综合实力和核心竞争力。发展是硬道理，是永恒主题。质量和效益是企业的生命，是发展的基本前提，只有始终抓住发展不动摇，更加注重质量效益，坚持科学发展，才能促进公司不断发展壮大，才能满足党和国家及广大员工的要求和期待，才能解决前进路上的困难和问题。

3. 必须始终坚持解放思想，实事求是，与时俱进，尊重规律，持续打造公司发展的独特优势。在30年的发展中，我们始终立足于国情、企情实际，着眼国际一流，解放思想，与时俱进，不为思维定式所困，不为经验所囿，不为视野所限，不为成绩所累，以求真务实的态度和开拓创新的精神，实事求是地探索和遵循发展规律，摸索出了"市场化运作、专业化发展、差异化竞争、集团化管理"的独特发展路径，形成了既符合国际惯例又与中国国情和公司实际相结合的发展模式。实践证明，作为中国特色社会主义市场经济体制下的国有企业，在发展中要始终将公有制特色与市场经济要求相结合，将国际先进企业管理理念与中国特色社会主义和企业实际相结合，将现代企业制度要求与国有企业政治优势相结合，在发展中体现时代性、把握规律性、富于创造性，这样才能打造中国国有石油企业特有的竞争优势。

4. 必须持续深化改革，强化创新，不断增强公司发展的动力与活力。改革创新是驱动公司不断超越自我、获得竞争优势的重要途径。我们在30年发展中的一条重要体会就是，必须始终坚持深化改革，不断推进技术、管理、体制机制等方面的创新，使变革成为一种常态，使创新成为一种文化。创新变革的本质是解放和发展生产力，只有不断突破阻碍发展的观念和体制机制制约，不断进行管理体制、组织体系、运行机制、管理方式、生产方式等方面的变革和创新，不断增强公司适应环境变化的能力，才能永葆发展的活力和进取的锐气，才能为公司发展赢取更广阔的空间。

5. 必须始终坚持稳健经营，注重安全环保，强化风险防范，夯实发展基础，努力保障公司的健康可持续发展。我们从事的是高风险行业，时刻保持对风险的警觉，是我们与生俱来的要求。随着公司发展壮大，除了自然灾害和地质条件、作业环境等带来的安全环保风险外，还会面临越来越多的经营风险、廉政风险和管理风险，在风险裹挟的发展环境中，我们注意将风险识别、防控和管理作为一项重要工作来抓，把安全环保工作放在更加突出的位置，持续强化稳健经营理念，大力夯实基础工作，不断完善管理制度，因而能在不断变化的环境中始终稳步前进，在遇到各种困难和挑战时最终能够安然渡过。我们越来越清醒地认识到，公司发展是一场长期战役，做大做强之后更重要的任务是做优、做久，在越来越复杂的经营环境中，在越来越快速的发展进程中，只有始终保持如履薄冰的心态，坚持稳健经营，注重安全环保，构建牢固的"防火墙"，将风险消弭于无形，才能实现均衡、健康、可持续发展，才能最终打造基业长青的"百年老店"。

6. 必须始终坚持"以人为本"的基本价值取向，不断营造和谐稳定的发展环境。30年来，公司历经了一系列改革，但每次都能平稳有序地推进，得到广大员工的理解和支持，我们始终坚持"以人为本"的理念，始终把员工当作企业发展的第一资源而不是包袱，始终使员工成为积极参与的改革主体而不是被动接受的改革对象，始终坚持公司改革成本不能由员工承担，始终立足于通过改革使全体员工包括离退休员工受益，从而为公司发展赢得了和谐的内部环境，形成了推动公司发展的强大合力。事实证明，只有始终坚持"以人为本"，切实把实现群众愿望、满足群众要求、维护群众利益作为改革的出发点和落脚点，充分尊重群众的首创精神和主人翁地位，引导好、保护好、发挥好职工群众的积极性，才不会因改革而影响和阻碍公司的发展进程，才能通过改革促进公司进一步发展和员工个人的全面发展。

这些宝贵经验，是我们一贯坚持的优良传统，是融入公司血脉的"基因"，我们必须长期坚持。

**二、公司发展面临的新形势与新任务**

回首过去，成绩显著；展望未来，任重道远。未来一段时期，公司发展面临的内外部环境十分复杂，机遇与挑战并存，但总体上机遇大于挑战，公司发展前景广阔，只要坚定信心、咬定目标，直面挑战、抢抓机遇，我们就可以大有作为。

一定要看到新的起点。前面我们对公司30年发展成就做了全面总结和回顾，总体而言，经过30年努力，我们具备了较好的物质基础、产业基础、体制机制基础、队伍基础和文化基础，这些是实现新的跨越发展的基础和保障，公司完全能够迎来新一轮大发展。

一定要看到新的机遇。未来一二十年，我国仍将处于重要的发展战略机遇期，经济发展潜力巨大，能源需求持续增长，能源行业发展空间仍然十分广阔。从全球行业发展趋势来看，国际油价将基本告别低油价时代，上游油气行业的市场环境较为有利。传统油气资源在很长一段时间内还将担当全球能源结构中的"主角"。非常规油气资源发展前景十分可观，LNG产业发展态势十分活跃，公司在煤层气、LNG和深水领域大有可为。

一定要看到新的挑战。当前世界政治经济局势复杂多变，世界经济复苏进程还面临诸多不确定性。重大国际和地区热点此起彼伏，地缘政治格局变化莫测，极端气候和重大自然灾害增多，油气资源争夺和控制更趋激烈，国际油气市场不确定因素进一步增加。从国内环境看，我国经济社会发展的基本面和长期向好趋势没有改变，但经济发展中不平衡、不协调、不可持续的问题依然突出，稳增长、控物价、调结构、惠民生、抓改革、促和谐的任务更加繁重。资源环境约束、成本上升等压力导致公司生产经营环境趋紧，资源税改革等重要的能源政策陆续出台将给公司发展运营带来重要影响。我们也清醒地看到，公司自身还存在一些不足和短板，制约和影响了公司的发展。

一定要看到新的任务。当前，我国工业化、信息化、城镇化、市场化、国际化深入发展，转变发展方式的要求更为紧迫。经济社会发展对能源的需求稳步增长，特别是对清洁能源的需求更大、要求更高，党和国家对中央企业发展提出了新的要求，寄予新的期望。海洋经济发展上升为国家战略重点，既为加快发展提供了重要战略机遇，同时也提出了更为紧迫的要求。为提升中国企业的国际竞争力，国务院国资委对做强做优，培育具有国际竞争力的世界一流企业做出了新部署。

基于国际国内形势以及公司面临的挑战和机遇，总公司党组审时度势、认真谋划，制定了"二次跨越"发展纲要，描绘了公司未来20年的发展蓝图，提出了新阶段的发展目标和发展任务。在刚刚结束的工作会议上，我们对"二次跨越"发展纲要进行了认真讨论，进一步统一了思想、坚定了信心、明确了方向。一段时间以来，在全公司上下形成了争相学习、讨论"二次跨越"的良好氛围，"二次跨越"正日益深入人心。

我们的工作始终得到党中央、国务院的高度重视和关心，得到全国人民的高度关注。党和国家的精神和要求给公司未来发展指明了方向，使我们深刻地感受到作为中央企业和国家石油公司的责任和压力，增强了我们加快发展实体经济、为国家经济社会建设做贡献的使命感和紧迫感。我们要切实把责任、使命和要求转化为做好各项工作的动力，全面推进公司"二次跨越"的实施，绝不辜负党和国家的殷切期望。

我们要准确把握新形势、新任务和新要求，辨明所处的方位，明确发展的方向，担起肩负的责任，始终保持清醒、奋进、实干的精神状态，增强责任感和使命感，继承传统、开拓未来，科学发展、奋发有为，以实施"二次跨越"为统领，瞄准国际一流能源公司建设目标，按照"稳中求进"的总基调和"做强实体经济""突出主业"等要求，加快发展步伐，转变发展方式，提高发展质量，破解发展难题，立足新的发展起点，打造新的发展优势，推进公司实现科学发展、和谐发展和可持续发展，为"二次跨越"大业开好局、起好步。

一是增强核心竞争力，打造主业发展新优势。我们要始终注重经营和发展好主业，把主业作为公司发展的重要基石，牢牢突出主业发展，集中资源做大做强主业，努力扩大公司产业规模，提高产业协同性，提升产业链价值。

二是创新体制机制，打造科学管理新优势。我们要以董事会建设为引领，努力创新适合公司自身特点的现代企业制度，推动公司科学决策和高水平治理。我们要加强"顶层设计"，强化总部宏观规划、调控和监督管理职能，优化母子公司管理关系，变革管理体制机制，提高组织运行效率。我们要发挥集团资源配置优势，加强专业化、集团化管理，提高整体协同发展水平。我们要进一步完善制度体系，不断强化对制度执行的监督检查，夯实基础管理工作，保障公司安全发展、清洁发展、稳健发展。

三是转变发展方式，打造质量效益新优势。我们要以质量和效益为核心，大力转变发展方式。我们要推进生产方式转变，积极推进勘探开发一体化，加快实施整体开发和区域开发。我们要着力推进科技创新，加快建立"一个整体、两个层次"的创新体系，增强自主创新能力。我们要切实增强经营公司的意识和能力，遵循价值规律，注重经济效益，不断提高公司的价值创造能力。我们要积极培育新的经济增长点，提高经营活力，增强发展后劲。我们要加强成本管理，努力保持"成本领先"，把控制成本作为公司发展的"生命线"，通过各种手段和措施切实优化成本、提高效益。

四是推进队伍建设，打造人才兴企新优势。我们要始终将加强干部员工队伍建设放在重要位置。我们要进一步加强领导班子建设，选准配强各级班子，切实提高领导班子的执行力和领导力、凝聚力和战斗力。我们要深化干部人事制度改革，提高选人用人公信力和满意度，树立正确的用人导向。我们要以"六支队伍"建设为抓手，全面强化人才队伍建设，提高员工队伍素质和能力。我们要进一步深化薪酬与用工制度改革，不断增进员工福祉，促进公司发展成果与全体员工共享。我们要不断完善人才选拔任用、考核激励等各项机制，充分调动广大员工的积极性和创造性，形成人才辈出、人尽其才的新局面。

五是加强企业文化建设，打造文化强企新优势。文化是企业发展的灵魂。我们要结合公司实际，全面加强企业文化建设，用先进文化支持和推动"二次跨越"。我们要大力推进社会主义核心价值体系建设，开展理想信念教育，进一步推进国有企业政治优势向竞争优势转化。我们要大力弘扬石油工业光荣传统和优良作风，继承和发扬"大庆精神"和"铁人精神"，牢记国家石油公司的光荣使命，大力弘扬新时期"爱岗敬业、求实创新"的企业精神。我们要进一步加强企业文化建设，用统一的文化价值观凝聚队伍、引领发展。我们要加强文化设施建设和文化产品提供，更好满足广大员工的文化需求。我们要经营好公司的品牌形象，更好地处理与政府、媒体、合作伙伴、公众等利益相关者的关系，为公司发展创造良好舆论环境。

**三、统一思想，凝心聚力，扎实工作，奋发有为，全面实施"二次跨越"，向国际一流能源公司目标奋进**

"二次跨越"的蓝图已经绘就，目标和任务摆在了全体员工面前。前30年，公司的发展成就斐然；今后20年，公司的发展必将更加令人瞩目。"二次跨越"是一项伟大事业，既是我们的荣耀和幸运，更是我们的责任和使命。"二次跨越"不只是一个纲要文本，更是一部催人奋进的发展规划，一次勠力同心的发展征程，一种奋发有为的精神状态，一场干事创业的伟大实践，需要动员起各方面的资源和力量，凝聚起全体员工的智慧和才干，扎扎实实地加以推进。

第一，统一思想、凝聚共识。

统一思想是干事谋事的逻辑起点，凝聚共识是科学发展的第一动力。思想有多远，行动才能走多远。公司成立以来，每一次思想解放和重大战略决策，都带来了新的重大发展。机遇永远只垂青有准备的人，这个"有准备"首先是思想上的准备。"二次跨越"的提出，就是我们为未来跨越式发展所做的思想准备。逆水行舟，不进则退。只有大力推进"二次跨越"，我们才能不辜负党和国家及社会各界对我们的殷切期望；才能不丧失发展的重大战略机遇期、难得的黄金发展期；才能把条件优势转变为发展优势，早日建设国际一流能源公司；才能为广大员工提供更广阔的发展舞台。我们要加大宣传和培训的力度，让广大干部员工正确理解和把握"二次跨越"的思想内涵、核心内容和原则要求，进一步明确方向，把思想统一到党组的重大决策上来，统一到新的发展目标和任务上来，从而增强责任感和使命感，振奋精神，坚定信心，义无反顾，大步向前。

第二，转变观念、服从大局。

"二次跨越"的产业发展方针，是在认真调查研究的基础上，客观分析国内外宏观形势、行业环境及公司自身面临的竞争态势而得出的，体现了中央关于"做强实体经济""突出主业"等要求，在上上下下几次修改和讨论中得到了广大干部员工的认同和赞赏，这充分表明公司的干部员工思想觉悟高，在个人进退得失上想得少，在公司长远发展上想得多。公司发展是大局，必须进一步树立讲大局、顾大局的思想意识，正确认识局部利益与整体利益、当前利益与长远利益的关系，只有公司发展了，每个人的长远利益才能得到根本保障。我们既要看到产业布局一时的优化调整，更要看到这种优化调整是保障未来长远发展的必要手段。我们要进一步转变发展观念，牢固树立正确的发展观和业绩观，不是每一个专业都发展大了才有业绩，只有科学发展、符合公司总体部署的发展才称得上业绩。要摒除"零和博弈"思想，只有把公司的规模做大，才能使所有人分享更多的发展成果。公司发展壮大了，不管哪个专业、哪个岗位的员工，都能拥有更大的发展平台和更多的发展实惠。各专业要立足公司发展大局，思考自身发展定位，思考产业优化和调整思路，思考如何为公司发展大局做出更大贡献。公司的业务是一个系统和链条，每个业务都不是孤岛，需要协同开展工作，我们要坚决杜绝本位主义、各自为政、相互掣肘、互不买账的不良现象，坚决克服过分强调自身重要而置全局于不顾的不良倾向，正确处理局部工作与全局的关系，分工不分家，补台不拆台，努力形成齐心协力谋发展的整体合力。

第三，狠抓落实，务实稳健。

"二次跨越"的目标具有一定挑战性，推进"二次跨越"也没有现成的经验，只有依靠全体干部员工共同奋斗、创造，才有成功的可能。各专业、各单位要分解任务，细化方案，层层落实，符合未来发展方向而且今天能做的就要马上做，不延宕、不徘徊、不争论。有些局部问题、具体问题，我们要在较短时间内解决好；有的任务需要一个长期过程，但我们必须一步一步去干，一个一个去突破，积小胜为大胜；有些深层次的难题和挑战，我们要勇于正视，敢于涉深水、破坚冰、啃硬骨头，矛盾和难题也是机遇，解决了矛盾和挑战就是推动了发展。我们要求真务实，养成实事求是、踏踏实实、真抓实干的作风，工作要深入扎实，要突出执行，不能浮躁虚华，不能蜻蜓点水。我们要狠抓落实，把思路战略变成方案谋划，把方案谋划变成工作项目，把工作项目变成成果。我们要立足实际，有理想又不理想化，把干事、干成事立足于扎实的努力。我们要讲究科学，尊重规律，不投机取巧，不寄希望于奇迹发生。我们既不做超越阶段的事，又不落后于发展阶段，与时俱进，因时宜时，不冒进、不蛮干，务求稳健，任何业绩必须以良好的安全环保业绩为前提。我们要保持清醒冷静，推动工作要注重从基础抓起、从源头抓起、从根本抓起，把困难和挑战估计得更充分一点，积极应对，妥善化解，把握工作主动。我们既要富于激情，只争朝夕，又要稳扎稳打，不急于求成；我们既要昂扬向上，有勇气、在状态，又要心稳神定气静；我们既要应急，也要谋远，努力追求经得起实践和历史检验的业绩。

第四，团结奋斗，开拓进取。

过去30年的发展，靠的是全体员工的团结拼搏、艰苦奋斗，

"二次跨越"同样需要大家、依靠大家，也是为了大家。三千越甲尚可吞吴，我们拥有一支十万人的团队，如果精神振奋，步调一致，心往一处想，劲往一处使，是可以做出一番惊天动地的大事的。"二次跨越"需要各个专业、各个单位和所有员工的共同努力，"二次跨越"的大舞台也给了所有员工全新的发展机遇，我们要珍惜这个机会，斗志昂扬地迎接这种挑战。只有登上高山才能显得高大，只有依靠团队才能取得更大成绩，我们要充分发挥团队力量，充分激发广大员工的积极性和创造性，使团结协作、共同奋斗成为行为准则、成为风气、成为习惯。广大干部员工要增强忧患意识和机遇意识，开拓创新，奋发有为，不能按部就班、因循守旧、得过且过，要有一种蓬勃向上、奋勇争先的精神风貌，每个人的职位有高有低，但在做好自己本职工作上，每个人都可以百分之百地施展才华，也只有工作干好了，才能得到相应的回报，才能在"二次跨越"的宏图伟业中书写与众不同的人生，为公司的长远可持续发展建功立业。

同志们！

回顾过去，我们创造了辉煌的发展成就；展望未来，我们的事业任重道远。立足新的起点，谋划新的跨越，打造新的优势，再创新的辉煌，我们完全有基础、有条件，也有信心和能力实现"二次跨越"的宏伟目标。我们要高举中国特色社会主义伟大旗帜，始终保持迎接挑战、攻坚克难的锐气，始终保持永不自满、永不懈怠的激情，全面实施"二次跨越"，扎实推进国际一流能源公司建设，为开创更加灿烂的明天而努力奋斗！

　　山羊胡看完小毕的初稿后，欣然地说："这次有很明显的进步，稿子立意挺好，结构也清晰，一些观点也不错。"小毕正暗自高兴，又听到山羊胡话锋一转："但是，这个稿子也还存在一些明显的问题，简单来说，就是有肉无骨。"他接着指出了存在的一些主要问题。

　　第一，主题不够鲜明和集中，分散而无力。这篇稿子是在一个公司成立30周年纪念大会上的讲话，那么首先需要考虑讲话所处的情境：从时间上说，处于一个承前启后、继往开来的重要节点；从发展上说，公司提出了新的战略目标，正凝聚力量为之而奋斗；从氛围上说，成立30周年的纪念大会具有标志性的意义，代表一个企业"三十而立"的逐渐成熟，包含了对过去的回望、对当下的思索和对未来的企望。归结起来，就是我们要总结成绩，坚定信心，传承经验，面向未来，凝聚全体员工的力量为新的目标而奋斗。而初稿所设定的主题是"继承传统、开拓未来，科学发展、奋发有为，努力实现'二次跨越'良好开局"，存在的问题主要有两点：一是不够精练，显得冗长，缺乏力度，不够鲜明和显眼，也不能很好地吸引人、感染人、打动人，如"继承传统、开拓未来"在主题当中显得啰唆，完全可以用"继往开来"表达同样的意思；二是落脚点不对，公司成立30周年的纪念大会应该展望未来一段时间的发展，仅仅落在实现"二次跨越"良好开局上，时间跨度显得短了，视野不够宏观。总的来说，该初稿反映出对主题的思考还不够深入，内涵较为分散，主题不能很好地统领和涵盖全文。

　　第二，框架结构显得杂乱臃肿，不够紧凑。全文分为三个部分，第一部分写30年的成就和经验，第二部分写发展面临的新形势与新任务，第三部分写全面实施"二次跨越"，这从大的方面来说没有问题，按照过去—现在—未来的时间逻辑形成纵向结构，但在每一部分的内部结构上，特别是后两部分的结构上，层次过多，意思杂乱，缺乏严密的逻辑设计，谋篇布局上过于随意，有点什么都想说、想到哪儿说到哪儿的感觉，从而显得枝蔓过多，内容芜杂，不够紧凑，框架结构的缺陷导致整篇内容不能很好地围绕核心主题加以论述。

第三，后半部分观点不够突出，论述不够精练，线条不够清晰。第一部分总结成绩和经验比较全面和到位，值得肯定。但到后面两部分，不管是谈形势、谈发展，还是谈工作，都存在同样的问题，就是谈具体事情多，抽象提炼不够，陷入事务性工作层面，不能从更高的层面、更宽的视界、更多元的视角有效地彰显事情的意义，提炼醒目的观点。后面两部分的内容显得庞杂，线索头绪较多，脉络不十分清晰，使观点湮没在具体的素材当中，不够突出和明显。

第四，总体的气势不够。重要的时间节点，重大的主题，在写作上应该纵横捭阖、充满气势，而这篇稿子总体上气势不够，主要体现在：分段式的写法，显得意思分割；意义不大的论述性语言太多，减弱了文章的气势；谈具体的工作要求较多，与主题契合不够紧密。原因在于，小毕对稿子的定位把握不准，这种场合既有内部干部员工，也有外部嘉宾，不是布置工作，不需要摆事实讲道理去论述，更多的是要展示公司的贡献和形象，指出事情的意义，描绘未来发展的蓝图，从而激发自信心和自豪感，为新的目标积蓄奋斗的力量。而这个稿子在这一点上把握得不够到位。

总体上，这个初稿像一个虚胖的人，有一堆肉，但骨架不够挺立，线条不够分明，所以没有好的体型。

听山羊胡这么一说，小毕也意识到了初稿的问题，但毕竟山羊胡没有全盘否定，这也说明自己还是在进步，只要继续努力，就一定能越写越好。

# ▌【同类问题描述】

对于所指出的"无骨"的问题，山羊胡进一步归纳了这一类问题的表现。

有些报告、讲话的内容较好，但观点缺乏提炼。主题不突出，不能引领全文。大小标题过于随意，体现不出内容的精华，显得松散疲沓。观点不突出，不鲜明，泛泛而论，比较平淡。这往往是因为写作的人觉得想写的内容太多，且前期缺乏认真清晰的构思，写作时"捡到篮子里都是菜"，导致内容芜杂，观点平淡而分散，不能很好地支撑全文。

# ▎【理论讲解】

山羊胡接着对如何设定主题和提炼观点进行了理论讲解。

第一，主题要明确。

起草重要文稿，要经历提炼主题和深化主题的过程。主题是通过文本所表达出来的明确意图、基本意见、主要观点，是公文写作目的的具体体现。主题是否明确，提炼得是否精准，内涵和外延是否有足够的深度和广度，直接关系到文稿的质量，所谓"题好一半文"。

主题的重要作用体现在：它决定着材料的取舍，支配文稿的结构布局，制约文稿的表达方式，影响着文章的遣词造句。主题要集中、明确，不能分散、含糊。在思路上要鲜明地突出主题，在语言上要直接地表达主题。特别要注意把握的是，一篇文稿只能有一个主题，如果一篇文稿出现多个主题，就容易造成思路的混乱和表达的不清，我们称之为"意多乱文"。

确定文章主题是一项富于开拓性的工作，我们可以从以下几个方面入手。一是明确文稿意图，就是领导想要讲什么。对领导意图进行提炼、深化处理，形成一个正确的思路。二是对客观事物的再认识，就是现实条件和客观事实支持我们讲什么。主题是通过对客观事物进行分析研究、对材料进行消化处理而提炼出来的，主题的确定势必要受到材料的影响，这也是在确立主题时对客观事物的尊重。三是工作任务的需要，就是具体工作需要我们讲什么。公文是为现实服务的，是为具体工作服务的。主题的确定要考虑工作的需要，把大的路线方针政策与自身实际相结合，提出现实、明确、具体的工作措施，以此为依据确定恰当的主题。

第二，标题要精当。

主题的直接呈现就是标题。一篇文稿有主标题、副标题，有次级标题、小标题，还有主旨段、主旨句，这共同构成主题的完整表现形态。标题是为主题服务的，它呈现主题，细化主题，使主题贯通全篇。

标题的写法一般要求概括、简明、新颖、对称。概括就是要能总领全篇内容和主要思想观点，始终紧扣主题、围绕主题、呼应主题。简明就是要用简洁的文字，遣词用句高度精练，标题过长、过琐碎是大忌。新颖就是标题要富有吸引力和感染力，能够使人眼前一亮。对称就是标题要与内容相吻合，标题正好概括了全篇的全部内容。这就像做帽子，尺寸必须与脑袋大小一致，既不能"帽大于头"，也不能"帽小于头"。

文稿每段内容第一句话的提炼也很重要，它既是承上启下的过渡，也是全段内容的提要。首句、起句具有类标题性质，是标题的拓宽和延展，能起到总体概括作用，有了这样的"段旨句"，一段文字要说什么事情、有什么结论就一目了然，就能减少很多交待性、说明性的文字，使文稿更精练。因此，我们在起草文稿时，应有意识地把每段的首句当做标题来认真琢磨。

第三，观点要鲜明。

文贵创新，首要就在于观点创新。清代文学家李渔说："意新为上，语新次之，字句之新又次之"，这里的"意"就是指文章的意旨和观点。有了鲜明的、创新的观点，文章才能撑起来，才会具有思想性、指导性和启发性。

公文的观点表达要鲜明、直接，不要温吞、含糊，这是由公文的实用性特征决定的，也是公文与文学作品等体裁形式的不同之处。直接地表达观点，才能使受众迅捷地把握公文的核心思想和主要内容，体现信息传授的快速和无损耗。

当然，观点要鲜明直接并不是说不分场合、不分对象地提出几个观点即可，观点的表达，既要注重方式，更要注重质量。好的观点，体现在运用正确的思维方式，来揭示事物本质，一语道破实质，找出事物发展背后的规律；体现在坚持问题导向，能很好地发现问题、分析问题并解决问题，能推动现实问题的破解；体现在于具体的素材中提炼整理，抽象升华，去粗取精，去伪存真，由此及彼，由表及里，从而实现从事实到结论的提升，使论点和论据有机统一；体现在打造亮点，使讲话有点睛之笔，有突出的亮点和闪光点。只有这样，写作的文稿才能有深度、出思想，而不是平平的流水账。

比如下面这篇文稿：

• • •

# 在"中外石化跨国公司高层对话会"上的发言

各位嘉宾：

大家下午好！

非常高兴参加本次"中外石化跨国公司高层对话会"。根据会议的要求，结合我们的实际情况，我就中国企业特别是中国石油企业"走出去"这个话题谈一些自己的看法。

从20世纪90年代初迈出国门至今，我国石油企业"走出去"实现了从无到有、从小到大的跨越。为什么我国石油企业要走出国门、迈向世界呢？我认为主要有以下三点原因。

第一，这是遵循国际石油行业发展的一般规律。油气资源和消费市场在全球地域上的分布不均衡，内在地决定了国际油气行业发展的规律，即必须打破区域市场的局限，实现资源的全球配置，而跨国公司是石油行业国际化的重要载体。特别是金融危机以来，全球能源格局继续发生深刻变化，国际石油行业进入新一轮调整和资源再配置时期。中国石油企业同样遵循国际石油行业发展的一般规律，利用市场化手段，推动能源资源在全球的优化配置，维护全球能源的供需平衡。

第二，这是顺应经济全球化浪潮的内在需要。石油行业的资源、市场、人才等要素都在全球配置和流动，是最能感知和体现经济全球化趋势的行业之一。由于具有高风险、高投入、高技术等特点，国际石油行业竞争非常激烈，国际化公司一个非常突出的共同特征就是，在全球市场中布局自己的产业空间，依托全球资源谋划自己的未来发展。作为国际竞争的后来者，中国石油企业只有深度参与国际竞争，紧密跟随全球化发展，才能具备足够的竞争力和抗风险能力。正是基于这种认识，中国石油企业应逐步推进国际化战略，在激烈的国际竞争中谋求生存和发展。

第三，这是满足国际资本市场的要求。作为国家控股的公众能源公司，中国石油公司不仅要贯彻国家能源战略，更要向公众股东负责，为股东提供可持续的经济回报，这其中最根本的结合点就是把企业做大做强，打造国际竞争力。中国石油企业通过"走出去"，加快对国际同行新理念、新技术、新知识的学习，不断提升国际化经营能力和国际竞争力，持续为股东创造价值。

正是基于以上几点，中国石油公司坚持"走出去"，积极融入世界石油市场。我们公司也顺应这一趋势，大力推进国际化发展，取得了长足进展和突出成效。（略）

在30多年"走出去"的历程中，我们始终坚持以下几个原则：

第一，诚实守信。我们始终把诚信放在首位，守承诺、讲信用，一诺千金，严格按照合同条款办事，建立诚实守信的良好企业形象，赢得了合作伙伴和业务所在国的尊重和信任。

第二，开放合作。开放合作是我们的基因。我们始终抱着虚心学习的心态，学习借鉴先进技术和管理经验；同时我们也热忱欢迎与国际同行合作，共同致力于世界石油工业的可持续发展。

第三，互利共赢。我们始终心怀增加社会福祉、推动共同发展的愿望，在拓展业务时，积极促进不同文化间的交流，努力带动当地经济社会发展，高度重视安全环保，实现各利益相关方的互利共赢。

当前，世界经济正处在一体化的浪潮中，国家之间的能源合作必将越来越紧密，石油工业发展依然拥有广阔的前景。尽管依然存在着地缘政治、贸易保护、政策壁垒等方面的不确定性，但总体上看，国际石油工业合作发展的机遇大于挑战。我们衷心期望与中外合作伙伴保持密切交流，坚持互利共赢，携手加强合作，共同推动石油工业实现新的发展。

———————————— • • •

这篇稿子虽然不长，但观点非常鲜明，主旨非常突出，论述非常集中，前半部分着重谈了对中国石油企业为什么要"走出去"的一些思考和认识，从几个方面阐述了观点，比较有深度，解释了事物背后的本质规律，能给人以启发。后面在陈述"走出去"成效的基础上，阐述了坚持的几条原则，观点简洁而清晰，而且与前面的内容在内在逻辑上形成呼应。

# 【修改要旨】

听山羊胡这么一说，小毕心里清楚多了。接下来怎么改，山羊胡提出了自己的看法。

首先，要提炼深化主题，进一步概括观点。

具体来说，就是在各级标题上做文章。从主标题，到一级标题、二级标题、三级标题，以及各段的段旨句，都要认真斟酌，仔细推敲，使文章的观点经由标题准确地加以传递。

通过对主题和标题的概括提炼，达到主题突出明确，标题与内容的统一，标题与整个文稿立意的统一，提升标题的准确性和新意。

其次，要对内容多做"减法"，进一步突出观点。

在素材较为庞杂的情况下，要对内容加以精简，减去"赘肉"，突出"骨架"，使主要的观点更加清晰明白，一目了然，避免将观点淹没在一堆具体的事实材料当中，流于就事论事的层面，起不到纲举目张的应有效果。

最后，要对局部结构重新塑型，进一步理清观点。

当局部结构不能很好地体现主题需要和表达观点时，要重搭框架，厘清脉络，使文章的线条更加清晰，便于更集中地阐述主题，更有效地突出观点。通过结构的重新布局和内容的梳理，使主题与框架实现统一，观点与内容有机结合，论点和论据形成一个整体。

# 【例文剖析——修改稿】

按照山羊胡的理论指导和自己的想法，小毕对稿件进行了修改，前半部分只是做了一些精简，基本保持了原貌，重点是对稿件后面的部分，进行了较大的调整和修改。

# 继往开来　奋发进取
# 为"二次跨越"而奋斗

## ——在公司成立30周年庆祝大会上的讲话

各位领导，各位来宾，同志们：

公司已经走过了30年的发展历程，取得了辉煌的发展成就，成功实现了第一次跨越。今天，我们在这里隆重集会，热烈庆祝公司成立30周年，就是要认真学习贯彻党中央、国务院领导同志的重要指示精神，认真总结公司30年发展取得的成功经验，认真分析公司发展面临的新情况、新形势、新任务和新要求，继往开来，承前启后，团结一致，开拓进取，在新的历史起点上，向着建设国际一流能源公司的目标奋勇迈进，努力实现"二次跨越"，为保障国家能源安全和促进国民经济健康持续稳定发展做出新贡献。

同志们：

公司在改革开放的大潮中应运而生，经历了从无到有、从小到大、由弱到强的发展历程，大致可以分成三个阶段：（略）。经过30年的发展，公司面貌发生了翻天覆地的变化，取得了令人瞩目的发展成就，突出体现在以下八个方面：（略）

同志们：

30年来，我们在推进发展的实践中，积累了十分宝贵的经验和做法。坚持和发展这些经验，对于我们扎实推进"二次跨越"具有十分重要的指导意义。概括起来讲，有以下六个方面的经验：

（略）

同志们：

回首过去，我们感到无比骄傲和自豪；展望未来，我们豪情满怀、深感责任重大。未来20年，公司发展面临的内外部环境将更加复杂，机遇与挑战并存，但总体上讲机遇大于挑战、希望多于困难、有利条件大于制约因素，公司的发展前景广阔。只要我们立足新的历史起点，抓住新的发展机遇，敢于面对新的挑战，咬定新的发展目标，坚定信心、扎实工作，我们必将大有作为。

我们的工作始终得到党中央、国务院的高度重视和关心，得到国务院有关部委的大力支持，得到全国人民的高度关注。党和国家对我们推进国际一流能源公司建设的各项工作提出新的要求，勉励我们为保障国家能源供应、促进国民经济又好又快发展做出更大贡献。在新的历史起点上，公司的发展承载着党和国家的更高期望，承载着上级部门和社会各界的更深期待，承载着广大员工的更新期盼，这一切归结起来，就是要在新的发展起点上，不负重托、不辱使命，全面推进"二次跨越"。在刚刚结束的工作会议上，我们对"二次跨越"发展纲要进行了认真讨论，进一步统一了思想、坚定了信心、明确了方向。一段时间以来，公司上下形成了争相学习、讨论"二次跨越"的良好氛围，"二次跨越"正日益深入人心。

"二次跨越"是公司在新的历史起点上、在特定的时空环境中，对自身在中国特色社会主义伟大事业中所肩负使命的具体诠释，既是对过去30年所肩负使命的继承，也根据形势变化增添了新的内涵；既贯彻中央关于国有企业发展的普遍要求，也凸显关乎国计民生重要行业的特殊作用；既是公司更好服务国家发展战略的必然选择，也是公司实现发展新跨越、再创事业新辉煌的内在要求；既基于对机遇和挑战的研判，也是对各方寄予期待的回应，集中体现了公司立足新起点，更好地服务和服从于国家现代化建设大局的高度自觉、坚定信念和崇高使命。只有大力推进"二次跨越"，我们才能不辜负党和国家及社会各界对我们的殷切期望；才能不丧失发展的重大战略机遇期、黄金发展期；才能把条件优势转变为发展优势，早日成为国际一流能源公司；才能为广大员工提供更广阔的发展舞台。

同志们：

未来20年的蓝图已经绘就，目标和任务摆在了全体员工面前。"二次跨越"不只是一个纲要文本，更是一部催人奋进的发展规划，一次同心协力的发展征程，一种奋发有为的精神状态，一场干事创业的伟大实践。能够投身"二次跨越"的事业当中，既是我们的荣耀和幸运，更是我们的责任和使命。我们要准确把握新形势、新任务和新要求，辨明所处的方位，明确发展的方向，担起肩负的责任，始终保持清醒、奋进、实干的精神状态，增强责任感和使命感，动员起各方面资源和力量，凝聚起全体员工的智慧和才干，统一思想，团结一致，扎实工作，奋发有为，全面实施"二次跨越"，向成为国际一流能源公司的目标奋进。

一是要统一思想认识，明确目标任务，坚定发展信心。我们要把全体员工的思想统一到中央对形势的判断和对公司工作的要求上来，统一到党组的重大决策部署上来，统一到"二次跨越"

的目标和要求上来。我们要认真学习、深刻领会中央领导指示精神，切实把责任、使命和要求转化为做好各项工作的动力，绝不辜负党和国家的殷切期望。我们要加大宣传力度，组织好"二次跨越"培训，帮助广大干部员工正确理解和把握"二次跨越"的思想内涵、核心内容和原则要求，使全体员工增强责任感和使命感，振奋精神，坚定信心。我们要认真总结和汲取30年发展历程中积累的宝贵经验，并在新的时代背景下不断发扬光大，继往开来，再创佳绩。

二是要解放思想，转变观念，服从和服务于公司发展的大局。我们要进一步解放思想，转变观念，增强大局意识，积极融入国家发展战略，服从和服务于国家经济发展全局。我们要着眼保障国家能源安全的大局，突出油气主业发展，加大能源保障能力建设；我们要突出转变发展方式的要求，加快清洁能源引进，改善能源结构，更好地发挥创新驱动作用。各专业、各单位要立足公司发展大局，思考自身发展定位，思考产业优化和调整的思路，思考如何为公司发展大局做出更大贡献。我们要进一步转变发展观念，牢固树立正确的发展观和业绩观。我们要进一步树立讲大局、顾大局的思想意识，正确认识和处理局部利益与整体利益、当前利益与长远利益的关系，努力形成齐心协力谋发展的整体合力。

三是要狠抓贯彻落实，创造性地开展工作，努力开创发展的新局面。"二次跨越"的目标具有一定的挑战性，推进"二次跨越"也没有现成的经验，需要依靠全体干部员工共同奋斗和创造。要对"二次跨越"的发展目标和任务按专业进行分解，再细化到各单位，逐级加以落实。我们要狠抓落实，扎实推进，创造性地开展工作，把思路战略变成方案谋划，把方案谋划变成工作项目，把工作项目变成成果。我们要求真务实，真抓实干，强调执行。我们要立足实际，讲究科学，尊重规律，既不做超越阶段的事，也不落后于发展阶段；我们要务求稳健，任何业绩必须以良好的安全环保业绩为前提。我们要保持清醒冷静，推动工作要注重从基础抓起、从源头抓起、从根本抓起，把困难和挑战估计得更充分一点，积极应对，妥善化解，把握工作主动。

四是要团结一致，开拓进取，为公司实施"二次跨越"发展纲要开好局、起好步。过去30年的发展，靠的是全体员工的团结拼搏，艰苦奋斗，"二次跨越"同样需要各个专业、各个单位和所有员工的共同努力。我们拥有一支10万人的团队，只要精神振奋，步调一致，心往一处想，劲往一处使，是可以做出一番惊天动地的大事的，是能够为党和国家做出更大贡献的。我们要充分发挥全体员工的智慧和力量，充分激发广大员工的积极性和创造性，团结一致、同心协力，共同投身"二次跨越"的事业当中。"二次跨越"也给所有员工提供了全新的发展机遇，要珍惜这个机会，斗志昂扬地迎接这种挑战，切实增强忧患意识和机遇意识，开拓创新，积极进取，蓬勃向上，奋发有为，扎扎实实做好本职工作，在"二次跨越"的宏图伟业中书写与众不同的人生，为公司的长远可持续发展建功立业。

同志们：

站在新的历史起点，谋划新的跨越发展，再创新的辉煌成就，我们完全有信心、有基础、有条件，也完全有能力实现"二次跨越"发展纲要提出的宏伟目标。我们要高举中国特色社会主义伟大旗帜，在党中央、国务院的坚强领导下，聚精会神搞建设、一心一意谋发展，齐心协力、继往开来、奋发进取，扎实推进"二次跨越"发展步伐，为建设国际一流能源公司、保障国家能源安全和国民经济稳定持续健康协调发展、开创更加辉煌灿烂的明天而努力奋斗！

---

看完修改后的稿子，山羊胡也不禁赞叹。具体好在哪儿？他用了三个词：有魂，有骨，有型。

第一，有魂，意涵深刻，思想性突出。

这是一家公司成立30周年庆祝大会上主要领导的讲话稿，由于这家公司在国民经济中的特殊地位，它的"30岁生日"已经不仅仅是一家公司的"30岁生日"，更是这个工业领域的"30岁生日"，因此作者写作时没有简单站在一家公司的层面，而是站在整个行业的层面，说成绩、谈经验、定目标。所谓"欲穷千里目，更上一层楼"，由于很好地把握了时、事、势，给人立意高远之感。从"时"来说，时间节点是成立30周年，取得成就的时代背景是中国改革开放的大潮，未来发展的时代要求是"建设国际一流能源公司"，从过去到将来，全文都步步紧跟时代要求。从"事"来说，全篇大的方面讲了几件大事：30年取得的成就，发展当中积累的经验，未来20年的发展目标和任务，每一件大事又分成若干件小事进行透彻的阐述，全面、具体、充实，令人信服。从"势"来说，在成立30周年的关键时刻，对行业和公司的发展趋势有足够深入的认识，"在新的历史起点上，公司的发展承载着党和国家的更高期望，上级部门和社会各界的更深期待，广大员工的更新期盼，这一切归结起来，就是要在新的发展起点上，不负重托、不辱使命，全面推进'二次跨越'。""只有大力推进'二次跨越'，我们才能不辜负党和国家及社会各界对我们的殷切期望；才能不丧失发展的重大战略机遇期、难得的黄金发展期；才能把条件优势转变为发展优势，早日建设国际一流能源公司；才能为广大员工提供更广阔的发展舞台等。"正是公文写作者基于对趋势的准确把握，应势而动，顺势而为，才使全文立意深远，内涵丰富。

第二，有骨，主题明确，观点鲜明。

全文主题明确而集中，主旨单一，主标题鲜明而突出地阐释了全文主题思想："继往开来，奋发进取，为'二次跨越'而奋斗"，标题显得简洁凝练，铿锵有力，而且紧扣当下情境，具有很强的贴近性。用"继往开来"揭示30周年的重要时间节点，并落脚在"二次跨越"上，还能起到前后呼应、概括与具体相结合的效果。

这个主题也很好地统领了全文，过去30年的发展成就和经验，是第一次跨越；接着转到提出"二次跨越"的背景、考虑、意义等，分析了这一新的战略目标产生的新形势与带来的新任务；最后再落到推进"二次跨越"的几方面要求和工作部署上，使主题中的"奋发进取"和"奋斗"有了落地和归依。

在主题这一大的观点之下，文中还凝聚了更多的观点和认识，这些观点鲜明而突出，与主题相互呼应，互为阐发。第一大部分总结八个方面的成绩和六个方面的经验，既是对前面30年历程的高度凝练，同时也是需要未来继续坚持和传承的，从而真正做到"继往开来"；后面对工作的四方面要求，其实也是层层推进的四个观点，针对性和指导性都很强。

而在中间的过渡部分，对"二次跨越"进行了深入而充分的阐发，对其意义与价值做了全面的揭示。例如，"'二次跨越'不只是一个纲要文本，更是一部催人奋进的发展规划，一次同心协力的发展征程，一种奋发有为的精神状态，一场干事创业的伟大实践。能够投身'二次跨越'的事业当中，既是我们的荣耀和幸运，更是我们的责任和使命。"通过这些观点的论述，提升受众对"二次跨越"理解的深度和认识的高度，也使稿件具备了历史纵深感和理论性。

第三，有型，结构合理，内容流畅。

这样一个涉及时间跨度长达30年的稿子，如果不能高度凝练地概括，并对内容进行合理布局，必然会臃肿松垮。改后的稿子在观点突出、骨架耸立的基础上，也设计了有利于表达观点的结构形式，在合理的布局中对素材进行了有效的取舍剪裁。初稿分成三大部分，表意并不顺畅，显得意思分割，修改后的稿子采用整段式结构，整篇浑然一体，内容紧凑，但结构层次依然清晰，并不因没有小标题分割而显得混杂，外在形式上用几个"同志们"加以分开，内在逻辑上则按照"过去—现在—未来""成绩经验—形势任务目标—工作部署要求"的思路进行纵向布局，每一部分内部又按照事物组成部分进行横向布局。交叉布局的结构使得框架清晰，逻辑线条顺畅。

整篇文章大开大合，但节奏把控得很好，过渡承接自然，蓄势而下，一气呵成，冲击力强。全篇下来内容不断切换，但思路一直顺延没有中断，很好地处理了段落与层次、过渡与照应等关系，除了运用非常明显的过渡句、过渡段以及转折连词等进行意思的衔接与承转外，在大的层次过渡时，用一些高度概括又表意深远的论述进行非常自然的转换，非常精巧又毫无雕琢痕迹，如"未来20年，公司发展面临的内外部环境将更加复杂，机遇与挑战并存，但总体上讲机遇大于挑战、希望多于困难、有利条件大于制约因素，公司的发展前景广阔。只要我们立足新的历史起点，抓住新的发展机遇，敢于面对新的挑战，咬定新的发展目标，坚定信心、扎实工作，我们必将大有作为。"注重承上启下的处理上，起承转合自然流畅，毫无生涩凝滞，不知不觉中就完成了意思的转换，但又始终是围绕主题在不断推进的。

# 第四课

## 理足据丰，内容饱满——避免无物

没过多久，小毕又接到了新的任务，按照正在开展的"三严三实"专题教育的要求，为领导准备一份以"三严三实"为主题的专题党课材料。虽然没写过党课这类的材料，但小毕通过前面几次的磨炼，在构思布局和提炼观点方面已显得轻车熟路。他知道，只要做到有神、有序、有骨，稿子就不会差太远。

# 【例文剖析——提纲】

花了几天时间阅读材料和研究思考，小毕拿出了一份较为完整的提纲。

• • • •

## "三严三实"党课提纲

### 一、全面把握"三严三实"专题教育的重大意义和丰富内涵

（一）充分认识"三严三实"要求的重大意义

"三严三实"要求贯穿着马克思主义政党建设的基本原则和内在要求，体现着共产党人的价值追求和政治品格，丰富和发展了党的建设理论，明确了领导干部的修身之本、为政之道、成事之要，为加强新形势下党的思想政治建设和作风建设提供了重要遵循。贯彻落实好"三严三实"要求，对于进一步巩固党的执政基础和执政地位，实现"两个一百年"奋斗目标和中华民族伟大复

兴的中国梦，具有重大而深远的意义。

"三严三实"是落实全面从严治党要求的重要举措；

"三严三实"是打造过硬干部队伍的内在要求；

"三严三实"是深入推进改革发展的重要保障。

（二）深入把握"三严三实"的深刻内涵

"三严三实"要求简洁凝练、内涵丰富、指向明确，既继承了我国优秀传统文化，又赋予其新的时代内涵；既坚持了党的优良传统，又提出了新的更高要求，是对党的建设理论的丰富和发展。各级领导干部要深刻领会"三严三实"的丰富内涵，内化于心、外化于行，使其成为自觉遵循的价值追求和行为规范。

"三严三实"蕴含着中国传统文化的智慧；

"三严三实"继承和发扬了中国共产党的优良传统；

"三严三实"是实现"两个一百年"奋斗目标的行动指南；

"三严三实"是践行党的群众路线的重要方法论。

**二、着力解决"不严不实"突出问题**

"三严三实"的着力点是"严"和"实"。"严"是严肃的政治追求、严格的组织原则和严明的纪律要求，离开了"严"，就会导致信仰迷失、组织涣散、纪律松弛，最终失去凝聚力、战斗力。"实"是实事求是的思想路线、求真务实的工作方法和认真踏实的处世态度，离开了"实"，就会导致脱离实际、只做虚功、败坏风气，最终误人误己、贻害事业。

（一）"不严不实"的具体表现

所谓"不严不实"，是与"三严三实"对立存在的问题，即用权不严、律己不严、修身不严、谋事不实、创业不实、做人不实。应该说，当前我们公司绝大多数党员干部的精神状态是好的，他们恪尽职守、忠实履责、开拓创新、敢于担当，但也必须看到，在部分领导干部身上还不同程度存在"不严不实"的问题，应该引起高度警惕。主要有以下几种表现：

一是用权不严。

二是律己不严。

三是修身不严。

四是谋事不实。

五是创业不实。

六是做人不实。

（二）"不严不实"的严重危害

导致信仰迷茫、精神迷失，扭曲党员干部的世界观、人生观、价值观和权力观、地位观、利益观。

助长错误思想、错误行为，影响党组织的创造力、凝聚力、战斗力。

导致工作失之于粗、失之于虚，贻误各项事业的发展。

放任腐败行为、姑息养奸，纵容腐败现象的滋生和蔓延。

**三、落实"三严三实"的实践要求**

（一）正心修身，锤炼"三严三实"的政治品格

一是把坚定理想信念作为立身之本。

二是把加强党性修养作为长期的必修课。

三是把遵守政治纪律和政治规矩作为生命线。

（二）正风肃纪，落实"三严三实"的作风要求

一是以"三严三实"为镜，查找差距和不足。

二是以"三严三实"为戒，驰而不息整治"四风"。

三是以"三严三实"为尺，锻炼过硬作风。

（三）正道善为，遵循"三严三实"的行为标尺

一是把"三严三实"作为干事创业的行动指南。

二是用"三严三实"凝聚改革发展的强大力量。

三是以"三严三实"标准打造过得硬的干部队伍。

（四）正己化人，恪守"三严三实"的为人准则

一是坚持为人民服务的根本宗旨不动摇。

二是坚持务实担当的实干精神不动摇。

三是坚持清正廉洁的价值追求不动摇。

· · ·

这份提纲写完后，小毕自己还算满意，山羊胡看完后，也连连点头，觉得从提纲上看，立意、主题、结构都很好。但令小毕头疼的是，尽管有了提纲，但其中的内容不知如何下笔，感觉没有东西可写，观点有了，素材不知从哪儿找，写不出"干货"来。

# ▌【同类问题描述】

山羊胡听了小毕的苦恼后，他指出，这是写作中常常会遇到的一类问题，可以称之为"无物"。

有些报告的讲话思路、结构甚至观点都很好，但缺乏好的内容，下笔时找不到太多实际的东西可写，只能拼拼凑凑、抄抄拣拣，写完的稿子言之无物，空洞干瘪。有的稿子看起来文采很好，文字流畅、生动，气势也有，但联系实际不够，不少都是空话、大话，不联系自己的工作实际，不解决实际问题，在"半空里论过来论过去"。这往往是因为公文写作者对实际工作

缺乏深入的了解，缺乏自己的观察、思考和认识，没有内容的支撑，只能在形式上做文章，或者是出于懒惰心理，不愿做艰苦的调查研究、资料搜集、内容构思等工作，奉行"拿来主义"，直接抄别人的，或者用自己以前的东西，生搬硬套或简单抄袭，文章自然难免空洞。

# ▌【理论讲解】

如何解决类似"无物"的问题？山羊胡提出了自己的见解。

公文起草更多是一种思想价值的竞争。当我们在起草公文时，有时会遇到无话可说的情况，写出来的东西空洞干瘪，言之无物，究其原因，文笔不好、方法不熟都只是表面原因，根源在于没有思想，或者说对所写的主题、所谈的话题缺乏真正的思考。要使文章言之有物，需要独立思考，深入研究，尤其是练好"问题意识""调查研究""思维训练"这些基本功夫，掌握基本的思维方法，这些是思想生成的"核心要素"。

增强问题意识，注重问题导向。公文写作就是一个发现问题、分析问题、解决问题的思维过程，研究问题是公文起草的起点，所提问题起点的高低，决定了公文水平的高低，最终反映的是公文写作者思想水平的高低，好的公文写作者要习惯从时代的脉搏、社会的呼声中去寻找问题、发现问题，并以问题为牵引，真正接入时代的"端口"，对问题所揭示的工作进行深入分析和研究，找到改进工作的思路和措施，体现公文重要的现实价值。

没有问题意识，不能坚持问题导向，本身就是公文起草的大问题，公文写作者要始终把握以问题为导向的写作理念，要学会与时俱进地提问题，还要掌握围绕问题起草公文的基本方法。可以遵循这样的步骤：提出一个新问题（证明你在思考，有的放矢）；有一个自己悟到的新思想（可以看出你对这个问题的独到理解）；有几个自己精心挑选的事例（证明你经过了调查研究，能够从理论与实践的结合上说明新问题）；有几个合适的比喻、典故或数据（这说明你已吃透了这个问题，能够深入浅出）；有与文件不同的表述或阐释新问题的语言（说明你不是在抄文件、抄社论、抄讲话）。这个操作方法比较"笨"，但比较有效，经常操练，长此以往，久久为功，抓问题的本事和写稿子的本事也就水到渠成了。

加强调查研究，掌握工作实情。把不断提升调查研究能力作为一个重要基础和关键环节，摆在工作中更加突出的重要位置。调查研究是深入全面认识事物的方法和过程，包括调查与研究两个环节。前者是感性认识，后者是理性认识。调查研究的实质就是用感性认识反复刺激理性思维，从而产生思想"火花"的过程。

坚持调查研究、提升调查研究能力，是公文写作的必由之路，它是公文写作者获得正确认识的源泉，也是检验和深化思想认识的根本。通过深入实际调查研究，公文写作者会对工作有直观的认识和基本的判断，掌握大量的第一手情况和基础素材，这是夯实公文内容的重要基础。公文写作者缺少了调查研究，光靠头脑空想，就会变成闭门造车，或者只依靠二手资料，也会与实际情况隔着一层，有时甚至相去甚远。

公文写作者通过调查研究掌握了大量的情况和素材之后，再把零碎的材料经过去粗取精、去伪存真、由此及彼、由表及里的思考、分析、综合，把材料加以系统化、条理化，透过纷繁复杂的现象抓住事物的本质，找出它的内在规律，由感性认识上升为理性认识，这样我们才能说，对实际工作有了较为系统、完整和深入的把握和认识，观点才会有内容的支撑，思考才能接地气，写出来的文稿质量和水平才会有保障。

坚持独立思考，多做思维训练。对公文写作者来说，具备独立思考意识和能力非常重要。这就要求公文写作者摆脱人云亦云的惯常情形，不轻易接受成见、权威意见和他人观点，坚持自己思考问题，用艰辛的思考去理清事物的逻辑、找出背后的关联，从理论和实践等角度对各种观点加以验证，最终得出自己的结论，形成自己的看法。这种结论和看法一开始可能是不成熟的，但毕竟是自己思考得来的，就尤为可贵，只要长时间积累，有意识坚持，公文写作者思考问题的能力就会不断增强。

某种程度上说，公文写作者是研究者，而绝不是文字匠，要有一种学术意识，有敢于怀疑的精神，对一些问题要做深入的甚至寻根究底的思考，遵循正确的思维方法，得出一些来自自己思想深处的观点，这是一个有意识地进行思维训练的过程，也是一种储备观点的有用方法。通过这种长期的有意识的思考，公文写作者可以积累一些有价值、有内涵的思想观点，以及能说明这些观点的素材和内容，完善自己的"素材库"。写作公文时就可以在"素材库"中选择合适的思想观点，更可以有针对性地分析、选择、提炼材料，做到有备无患，这样就不会没有东西可写了。

例如，有一次为领导起草报告时，领导提出要坚持人文化管理，根据对领导意图的理解，结合工作中了解的情况和员工的心声，以及平时的思考和积累的观点，小毕在报告中对这一问题做了如下阐述。

公司要着力营造积极向上、互相尊重、宽松和谐的文化氛围，切实提高员工的成就感、价值感、归属感和满意度，让员工与企业共同成长。

一是营造机会平等、规则公平的制度机制。平等是公司企业文化的重要特征，公平是公司重要的价值追求，只有营造公平公正的体制环境，才能从根本上保护和激发最广大员工的积极性，真正营造健康和谐的文化氛围。不管外界环境如何变化，我们要始终坚守公司的文化传统之根，传承宝贵的精神财富，适应环境却不被环境所同化。公司在出台各项政策措施时，要合理合法、公道平等，充分体现机会平等、规则公平和程序正义。制度设计应严格遵守程序，切合公司实际，尤其是事关员工切身利益的制度规定，出台前应尽可能征求广大员工的意见，对关键条款慎重斟酌，力争取得干部员工意见的"最大公约数"。执行制度时要突出刚性和严肃性，做到一视同仁，防止"选择性执行"。要参照公务员"逢进必考"要求严格制定员工录用的客观标准，严格规范各级干部选拔任用公示制度，坚决摒弃"潜规则"等不良陋习，避免劣币驱逐良币的"逆淘汰"现象，绝不让老实人吃亏，绝不让投机钻营者得利。

二是营造尊重人才、重用人才的浓厚氛围。公司发展需要各个领域的人才付出智慧，需要十余万员工共同努力，我们要尊重每一个人的价值，让每位员工在岗位上努力工作时都能获得成就感和价值感。要破除门户之见，打破隐性藩篱，广纳天下英才为公司所用。要公道对待人才，公平评价人才，公正使用人才，在人才任用上不问光环、不问出身，只问德才、只问实绩，坚持"一碗水端平"，能者上、庸者下。要打破"官本位"文化，营造尊重知识、尊重人才、尊重创造、尊重劳动的浓厚氛围，让为公司创造价值的人得到更多的尊重，让能解决实际问题的人得到更多的尊重，让为公司默默奉献的人得到更多的尊重。

三是营造积极向上、奋发有为的成才环境。要继续坚持"以人为本、关爱员工"的价值理念，特别是在目前青年员工已成为公司用工主体的情况下，我们要高度关注青年员工这一群体的成长问题。公司不能承诺给年轻人提供"终身就业的饭碗"，但应该努力为员工提供"终身就业的能力"。要认真做好员工的职业生涯规划，确保所有年轻人进入公司后均享有学习、锻炼、成才的机会。对待青年员工既要关心爱护又要从严要求，鼓励他们立足岗位成才，通过自身努力获得成长空间。要加强员工的思想管理与心理疏导，更加关注一线和海外等艰苦地区员工的思想和心理健康问题。要多为员工特别是一线员工、青年员工办实事、办好事，为他们排忧解难。探索建立员工扶助基金，在员工遇到困难时能及时伸出援手。

四是营造风清气正、开放包容的文化环境。要积极营造干事创业的良好氛围，在工作中提倡光明正大、公道正派，鼓励做老实人、说老实话，对待同志襟怀坦荡、诚实守信。要缩小权力距离，进一步"去行政化"，干部员工不分职位高低，都有权利、有责任积极思考公司发展问题，为公司发展献计献策，追求团结和谐但不是"一团和气"，鼓励内部讨论争鸣，让干部员工有真话敢讲、有心里话愿意讲、有不同意见可以讲。旗帜鲜明地反对拉帮结派、耍手腕、搞权谋等不良风气，坚决摒弃妒贤嫉能、挟私报复等行为，让所有员工能专心致志、心无旁骛地干事创业，能最大限度地发挥聪明才智。

报告出来后，这些内容得到了干部员工的广泛认同，原因就在于这些内容既符合中央精神和企业实际，也很好地表达了领导意图，而且契合了广大员工的心声，言之有物，针对性强。而能够写出这些内容，离不开主动思考和认真提出问题的问题意识，离不开对实际情况的调查研究和深入了解，离不开在运用正确思维方法进行深入思考后提炼出的观点，只有打下坚实的基础，写出的东西才能有的放矢，内容充实，不流于空疏。

# 【修改要旨】

有了一个不错的提纲，如何写好内容，充实素材？山羊胡提出了关于这篇稿件如何完善的想法。

一是要加深对问题的认识，作为写实内容的思想基础。思想是内容的向导，认识是事实的精华。提纲虽然已经提出了一些观点，但还需要做进一步的论证和阐述，论述的深度取决于对这些问题是否有足够的认识，事实把握得是否到位，也取决于认识的建立。所以，小毕要深入思考，通过阅读文献、调查研究、组织讨论等方式，提升认识，包括理论认识、对存在问题的认识、对工作的认识等，以此作为组织内容的思想基础。

二是搜集素材和事例，作为写实内容的主要途径。内容由观点和素材组成，观点是理性的、抽象的，具有理论性和概括性，素材是多元的、具体的，包括事例、故事、数据等。阐述观点时，既要谈理论认识，又要论从事出。讲问题要描述现象，也要运用正反事例，特别是指出负面现象和问题时，既可以用身边的事教育身边的人，也可以用别人的事引以为戒，还可以指出潜在的苗头性问题以防患于未然。在谈实践要求时，小毕要有针对性，要落到具体事情上，而不是泛泛而谈，空对空。这些都要求写作时要广泛搜集素材，避免公文成为"无米之炊"。

三是进行有效的梳理和取舍，作为写实内容的重要方法。一方面，要广泛选材；另一方面，在材料多的基础上，又不能"捡到篮子里都是菜"，要善于取舍，把握精要，好钢用到刀刃上，起到以一当十的作用。这就需要结合主题和框架，从理论和事实等方面组织内容，精选素材，对整篇文章进行合理的梳理，按照表达观点的需要安排内容，使观点与内容有机融合，观点与观点之间有紧密的逻辑关系。

只有这样，文章的"实"才有坚实的依托：一是素材的真实可靠，二是内容的充实完善，三是逻辑的严实有力。做到了这几点，稿件自然就言之有物了。

# 【例文剖析——完成稿】

小毕按照上述想法写作，思路一下就打开了，写起来文思泉涌。

- - -

## "三严三实"专题党课

同志们：

在党的群众路线教育实践活动结束后不久，紧接着开展"三严三实"专题教育，这是党的群众路线教育实践活动的延展深化，是持续深入推进党的思想政治建设和作风建设的重要举措，是严肃党内政治生活、严明党的政治纪律和政治规矩的重要抓手。党组对开展"三严三实"专题教育非常重视，专门研究部署并制定下发了方案，根据工作安排，总公司"三严三实"专题教育今天正式启动，由我给大家讲一次专题党课。下面，我讲三个方面的内容。

**一、全面把握"三严三实"专题教育的重大意义和丰富内涵**

作风建设永远在路上，只有进行时，没有完成时。面对新形势、新要求，深入开展"三严三实"专题教育，是对党员领导干部思想、行为和作风的又一次检验。要开展好本次专题教育，需要我们全面准确把握"三严三实"专题教育的重大意义和丰富内涵。

（一）充分认识"三严三实"的重大意义

"三严三实"要求贯穿着马克思主义政党建设的基本原则和内在要求，体现着共产党人的价值追求和政治品格，丰富和发展了党的建设理论，阐明了领导干部的修身之本、为政之道、成事之要，为深入推进新形势下党的建设、加强党员干部党性修养提供了重要遵循。贯彻落实好"三严三实"要求，对于进一步增强党的创造力、凝聚力、战斗力，推进"四个全面"的重大战略布局，具有十分重要的现实意义。

一是落实全面从严治党要求的重要举措。全面从严治党是推进党的建设新的伟大工程的必然要求，是实现"四个全面"战略布局的坚强保证。全面从严治党的核心在"严"，"严"

是贯穿全面从严治党的一条主线。这就要求我们必须坚持标准、严格要求，把严守政治规矩和政治纪律作为底线约束，进一步明规矩、严纪律、强约束，形成从严从实的氛围，营造风清气正的政治生态。"三严三实"为新形势下党员干部修身做人、为官用权、干事创业立下了规矩，要求党员干部在平日里、在细节上、在实际中贯彻"严"和"实"的要求，致力于养成习惯、形成常态。应该看到，党的群众路线教育实践活动开展以来，公司党员干部队伍的作风得到明显改善，呈现出新的气象，但也要看到，"四风"还没有完全根除，无论党员干部队伍管理还是党员干部自身，都还存在不少"不严不实"的问题。我们必须牢牢把握"三严三实"要求，把"三严三实"这个规矩贯彻始终，以"三严三实"祛除歪风邪气，树立清风正气，切实推进全面从严治党。

二是打造过得硬的干部队伍的内在要求。加强干部队伍建设，关系人心向背，关系事业兴衰。"三严三实"为新时期加强干部队伍建设提供了基本遵循，为党员干部提供了人生坐标。各级领导干部在公司改革发展中发挥着关键作用，肩负着重要责任，必须要有担得起责任的作风能力和修养操守。"三严三实"是为人做事的根本，是各级领导干部修身立德的守则，也是履职尽责的保障。领导干部只有经常用"三严三实"这面镜子照一照自己的思想，用这把尺子量一量自己的行为，才能让作风硬起来，把能力提上去。"三严三实"是对党员干部行为的新规范，为选拔任用领导干部确定了新标准。要建设一支过得硬的干部队伍，关键要在"严"和"实"上下功夫。我们只有把"三严三实"作为新标尺，大力选拔任用践行"三严三实"要求的优秀干部，给肯干事的人以机会，给能干事的人以舞台，给干成事的人以激励，才能进一步树立正确的用人导向。我们只有把"三严三实"要求贯穿干部培养选拔工作各个环节，引导干部树立正确的权力观、事业观、政绩观、进步观，才能为公司长远发展提供坚强的组织保证。

三是深入推进公司改革发展的重要保障。国有企业要履行好自身肩负的重要职责，必须紧紧围绕"四个全面"战略布局，紧密结合企业实际，坚定地把"四个全面"的战略部署贯彻落实到具体工作中。我们公司作为国有企业，要自觉站在党和国家发展的全局，坚定不移推进转型升级，进一步深化改革创新，更加注重发展质量和效益，全面加强从严管理，不断提高自身的经营效率和市场竞争力，为增强国有企业的活力、影响力和控制力做出新贡献。当前我们公司面临的经营形势十分严峻，深入推进改革的艰巨性、复杂性也在增加。"三严三实"从思想层面和实践层面对党员干部的精神状态、谋事理念、工作方法等做了系统精辟的概括，既提振了攻坚克难的精气神，又指明了干事创业的方法论，为我们抢抓机遇、破解难题提供了强大的思想武器，对我们应对各种压力挑战具有重大的现实意义。我们只有坚持从严要求、向实处着力，深化改革调结构、从严管理增效益，确保安全生产形势稳定，确保生产经营平稳运行，把每一项工作任务落到实处，才能推进公司健康发展，才能履行好我们肩负的重要职责。

（二）深入把握"三严三实"的深刻内涵

"三严三实"彰显着马克思主义执政党的政治品格，反映了新形势下党的建设的内在规律和本质要求，体现了世界观和方法论的有机统一、内在自律和外在约束的有机统一。从历史渊源看，"三严三实"包含着对我国几千年吏治规律的深刻借鉴，包含着对我们党艰苦卓绝奋斗历程的深刻总结；从现实基础看，"三严三实"是永葆党的先进性和纯洁性的时代要求，是实现"四个全面"战略布局的坚强保证和强大支撑。每一位党员干部特别是领导干部要认真学习和把握"三严三实"的深刻内涵和具体要求，重在领会其精髓，把握其要义，把"三严三实"作为修身做人的基本遵循，作为履职用权的警世箴言，作为干事创业的行为准则，真正内化于心、外化于行，使其成为我们自觉遵循的价值追求和行为规范。

一是"三严三实"蕴含着中华优秀传统文化的深厚积淀。"三严"是做人、做事、为官之本，有着深厚的中华优秀传统文化的底蕴，与中华民族文化血脉息息相通。古人道，"修身齐家治国平天下"，修身是第一位的。古人论为官，推崇"清、慎、勤"，主张"公生明、廉生威""君子求诸己""持身要严"，说的都是修身要律己从严。"三实"的思想，也植根于中华优秀传统文化的深厚土壤中。"谋事要实"就是实事求是，"创业要实"就是脚踏实地，"做人要实"就是忠信诚实。"三严三实"与中华优秀传统文化有千丝万缕的关系，凝聚着中华传统文化的深厚智慧，值得每一个中国人特别是党员干部传承和发扬光大。

二是"三严三实"继承发扬了中国共产党的优良传统。"三严三实"与党的作风建设理论一脉相承，包含着对我们党艰苦卓绝奋斗历程的深刻总结。"三严"是我们党的核心价值、独特优势和优良传统。在新形势下，党中央再次强调共产党组织和领导干部个人的"三严"，是对党组织和领导干部个人本真要求的回归，是对中国共产党优秀传统的继承，只有回归本真，只有弘扬传统，中国共产党才能完成新时期的历史使命。"实"是马克思主义理论的出发点和归宿，是中国共产党在复杂艰巨的革命斗争中、在血与火的考验下总结出来的宝贵经验。历史已经雄辩地证明，无论是革命、建设还是改革，中国共产党什么时候坚持了实事求是的思想路线和工作作风，什么时候就会取得伟大成就，反之就有可能遭受挫折甚至失败。在新的历史条件下，重申"实"的要求，就是为了更好地遵循马克思主义党建理论的基本精神，更好地坚持中国共产党的正确思想路线和优良工作作风，并在新的历史条件下发扬光大。

三是"三严三实"包含着对党的宗旨和群众路线的深刻认识。在革命、建设和改革开放的不同时期，我们党一贯高度重视作风建设，坚持以全心全意为人民服务为根本宗旨，这是我们党不断取得胜利的重要法宝。随着形势和任务的变化，党对宗旨和群众路线的认识也在不断深化，但"严"和"实"始终是贯穿其中的一根红线。"三严三实"就是在新的历史时期对党员领导干部牢记宗旨、永不忘本的明确要求。党的群众路线教育实践活动，旗帜鲜明地反对"四风"，从实质上看，"四风"集中表现为"不严不实"。形式主义的实质是"虚假"、不实在；官僚主义的实质是"傲慢"、不实际；享乐主义的实质是"松懈"，修身修德上不严；奢靡之风的实质是"无度"，做人做事纵欲失严。"三严三实"着重从修身要严、用权要严、律己要严入手，强调谋事要实、创业要实、做人要实，语言精准，思想深刻，要求具体，可以说是切中了时弊，把准了作风建设的命脉，是反对"四风"的锐利思想武器。"三严三实"与"中央八项规定精神"、反"四风"举措等一脉相承，是当前抓好作风建设的一个新的突破口，是践行党的群众路线的重要方法论。

四是实现"四个全面"战略布局的行动指南和强大动力。当前我们已经站在一个新的历史起点上，改革发展稳定任务之重前所未有，矛盾风险挑战之多前所未有，对我们党治国理政的考验之大前所未有。落实"四个全面"重大战略布局，实现"两个一百年"奋斗目标、实现中华民族伟大复兴的中国梦，关键在党，关键在党的创造力、凝聚力和战斗力。我们作为马克思主义执政党，不但要有强大的真理力量，而且要有强大的人格力量。人格力量就集中体现在党的优良作风上，体现在党员干部队伍的形象和人格品质上。我们只有认真贯彻"三严三实"要求，切实解决党员干部作风与新形势新任务不适应的问题，以从严的精神管党治党，以务实的作风干事创业，我们党才能战胜"四大危险"、经受住"四种考验"，始终保持马克思主义政党的先进性和纯洁性。公司的改革发展是中国特色社会主义伟大事业中的有机组成部分，各级领导干部严格践行"三严三实"，就能带动更多的党员干部坚持从严修身、从严自律、从严扎牢作风之根，以脚踏实地的精神务实谋事、创业、做人，就能激发党员干部对党组织的认同，从各方面把党员队伍团结起来，产生巨大的向心力和凝聚力，从而凝聚起强大的力量，为各项事业健康发展提供坚实基础。

## 二、着力解决"不严不实"的突出问题

"三严三实"的着力点是"严"和"实"。"严"是严肃的政治追求、严格的组织原则和严明的纪律要求，离开了"严"字，就会导致信仰迷失、组织涣散、纪律松弛，最终失去凝聚力、战斗力。"实"是实事求是的思想路线、求真务实的工作方法和认真踏实的处世态度，离开了"实"字，就会脱离实际、只做虚功、败坏风气，最终误人误己、贻害事业。在中国共产党带领全国人民进行革命斗争和现代化建设的过程中，正是因为有了"严"和"实"的作风为保障，我们的事业才能取得一个又一个胜利。在公司发展壮大的过程中，正是因为有一支纪律严明、作风实干的队伍，公司才能取得今天的发展成就。应该说，当前公司绝大多数党员干部的精神状态和作风是好的，他们恪尽职守、忠实履责、开拓创新、敢于担当，但我们也要清醒地看到，在我们的队伍当中，在一些党员领导干部身上，还不同程度地存在"不严不实"的问题，应该引起高度警惕。

一是修身不严方面。我们党历来就有很多严以修身的典范，像焦裕禄、孔繁森、沈浩等领导干部，至今被人们所传颂。在我们公司创业发展的过程中，也涌现出了很多这样的榜样人物，他们修身立德，甘于奉献，体现了崇高的精神境界。但是现实当中，也有一些党员干部包括领导干部的党性修养不够，政治素质不过硬，不讲组织原则，重大问题不请示、不报告，不遵守决策程序和工作规程，或者在一些涉及重大原则性的政治问题面前态度暧

昧、消极躲避、不敢亮剑。有的领导干部宗旨意识淡薄，群众观点有所淡化，群众感情有所淡漠，忽视群众利益，漠视群众疾苦，遇事同群众商量、虚心向群众学习、全心全意为群众服务做得不够。有的领导干部道德情操不高，思想空虚、知识贫乏、言行粗俗，追求奢靡享乐等低级趣味。其原因在于，在社会思潮日益多元、多变、多样的情况下，一些党员干部不注意学习，忙于事务，放松了党性修养，放弃了人格追求，思想出现僵化、庸俗化，产生了思想困惑甚至出现了理想信念的动摇，加之对干部的思想教育还不完全到位，导致一些人信仰缺失，精神"缺钙"，世界观、人生观、价值观发生了扭曲变形。

二是用权不严方面。党和人民赋予领导干部一定的权力，是一种信任和重托，越是职位高、权力大，越要牢记权力的本质，树立正确的权力观。在严以用权方面很多党员干部都做出了表率，很好地诠释了什么是严以用权。但现实中一些党员干部信奉"有权不用过期作废""一朝权在手，便把利来谋"。从近年来查处的国有企业负责人严重违纪违法案件看，都有利用职权为自己和他人谋取不正当利益的问题。我们公司从成立之初就特别注重按制度和程序办事，干部队伍整体的规则意识和程序意识是比较好的，但是也不代表就没有问题。现实中我们可以看到，一些人一旦有了一定的职务，就昏昏然、飘飘然，忘乎所以，不知天高地厚，胆大妄为、无所顾忌。同时我们还要注意一种现象，在从严治党的新常态下，有的领导干部信奉"宁可不干事，也要不出事"，在其位不谋其职，虽然不敢伸手，却也没有担当，在工作上推诿扯皮、敷衍塞责，遇到矛盾问题绕道走，对不良现象姑息迁就，还为自己不担当、不作为找借口。这其实也是用权不严行为的一种表现。出现以上种种问题的原因在于，部分党员干部自身缺乏正确的权力观，一些人认为权力是上级给的，想问题、办事情不怕群众不满意，只怕领导不注意，有的人认为权力是个人奋斗得到的，缺乏对权力的敬畏，把公共权力异化为牟取私利的工具。从干部管理的角度来说，正确的用人导向在实践中体现得还不鲜明，对干部的考核评价也不到位，对权力行使情况缺乏有效的评估监督和检查，无法使权力完全在阳光下运行。同时也有制度执行不严、管理存在漏洞的问题，让一些人钻了空子，加之对干部的惩处、警戒力度不够，已经发生的一些案件没能发挥有效的警示作用，让党员干部从中吸取教训。

　　三是律己不严方面。严以律己是领导干部必备的思想作风和道德品质。在这方面很多领导人做出了榜样。严以律己最难做到的就是慎独、慎初、慎微，"千里之堤溃于蚁穴"，从近年来发生的违法违纪案件看，从小节不慎到大节不保已成为一些领导干部走向腐败的普遍规律，这正是缺乏自律、缺乏自省的后果。领导干部对自己要求不严格，在小事上放松自我约束，就容易助长歪风、滋生邪气。一些领导干部在工作上只求过得去、不求过得硬，标准上只求不违规、不求作表率，对待工作马马虎虎、敷衍了事，时间久了就容易精神松懈，消极怠工。有的领导干部不以身作则，把自己当成了传话筒，只对下级提要求，不给自己"紧发条"。有的领导干部一事当前，首先考虑个人得失，把自己所管辖的单位或部门作为"一亩三分地"，画地为牢、尾大不掉。在廉洁自律方面，有的领导干部放松思想警惕，交往圈子不够纯洁，处理一些事务时，在人情和原则之间打擦边球。有的领导干部在对外交往中口气大，吹嘘摆谱、口无遮拦，在别人的赞扬吹捧声中放松了警惕，抵抗不住糖衣炮弹的诱惑，不自觉地成了别人撑门面、造影响的"道具"。存在这些问题的主要原因在于，一些领导干部党性修养不到位，党性锻炼不够，不能把日常性事务与党性培养锻炼结合起来，不能从思想深处充分认识严于律己的重要性，时刻绷紧克己奉公、廉洁自律这根弦，筑牢拒腐防变的思想道德防线，守住做人、处事、用权、交友底线的自觉性还不强，自我要求不够严格。也在于我们对领导干部的监督管理还不到位，日常管理"宽"和"软"的现象仍然存在，特别是对领导干部"八小时"以外的行为缺乏监督，对领导干部"德"的评价还流于表面，导致一些领导干部放松对自己的要求，遵纪守法不严。

四是谋事不实方面。谋事是领导干部的首要职责，也是衡量领导干部履职水平的重要尺度。在这方面，老一辈无产阶级革命家为我们做出了榜样。不管在什么年代，一切从实际出发，尊重规律和科学，实实在在谋事，都是推动事业发展的重要前提，也是领导干部自我锤炼的重要内容。但在现实中，一些领导干部谋事不实，随心所欲，不坚持科学发展，不尊重客观规律，急功近利，好大喜功。有的领导干部事业观和政绩观不正确，热衷于提脱离现实的口号、定脱离实际的指标。有的领导干部不能一张"蓝图"干到底，今天一个"思路"、明天一个"战略"。有的领导干部盲目铺大摊子、上大项目，不计成本，违反规律追求速度规模，甚至"打肿脸充胖子"。有的领导干部花拳绣腿，造声势、搞样板，回避实际问题，重"显绩"轻"潜绩"，抓工作虎头蛇尾。这些现象深究起来，主要在于一些领导干部不能坚持实事求是的思想路线，也在于对领导干部履职情况的考核评估有待改进，还和领导干部的能力不足有关系。"实"是一种态度，也是一种能力。一些人之所以热衷于作秀、沉迷于表面文章，夸夸其谈，华而不实，除了作风虚浮，与能力不足造成的"本领恐慌"也有很大关系。许多"不实"的背后，是"不能"的问题。一些领导干部遇到难题往往采取鸵鸟政策，把矛盾盖起来、让自己藏起来，推动改革总是习惯挂空挡，不敢迎着困难上、顶着压力干，一个重要原因就是老办法不管用、新办法不会用、笨办法不顶用，既无法向前迈步，又不甘落于人后，既没有能力水平，又怕说自己不行，于是官僚主义、形式主义就来了，实事求是的作风就丢了。

五是创业不实方面。"空谈误国，实干兴邦"，我们的所有成就都是干出来的，艰苦奋斗是我们的优良传统，公司早期的创业者们是在极其艰苦的环境下，推动公司从无到有、从小到大发展起来的。即便到了今天，艰苦创业依然是我们应该始终坚持的一种精神。但是我们也看到，现在社会上普遍存在"急"的问题、"浮"的问题、"虚"的问题，"急"就是急躁、急于求成，"浮"就是飘浮、浮在表面，"虚"就是虚假、虚与委蛇。一些人不愿付出艰苦的努力，总想一举成功、一夜成名，一镢头挖出一口井。有的人打着解放思想的旗号，空喊些不切实际的口号、造一些不知所云的概念，却不能满足实际的需要，不解决当前存在的矛盾和问题。这些都违背了求真务实的精神，都是干事创业的大忌。我们也不是生活在真空里，社会上的一些不良风气对我们一些领导干部也产生了影响。有的领导干部沉溺于自我设计，把工作当作谋取功名利禄的跳板；有的领导干部安于现状，不思进取，工作思路陈旧，缺乏创新意识；有的领导干部存在畏难情绪，不敢啃"硬骨头"，干事创业的勇气和信心不足。这些年我们公司经营效益不错，少数干部员工的艰苦奋斗精神有所削弱，产生了自满自足情绪，勤俭办企业的意识不强，没有做好长期"过紧日子"的思想准备。这些表现，究其根源是世界观、人生观、价值观这个"总开关"问题没有解决好，"为谁干事、怎么干事"和"追求什么政绩、如何追求政绩"的事业观、政绩观出了问题，理想信念动摇、宗旨意识淡薄，不能坚持用实践的观点、群众的观点和历史的观点来对待事业。

六是做人不实方面。领导干部要先做人后做"官"。只有堂堂正正做人，才能清清白白做"官"。1962年，焦裕禄一到兰考，就立下了"苦战三年驱走三害"的军令状，为了践行这一承诺，他最终付出了自己的生命。"看到泡桐树，想起焦裕禄"，诠释了一个实干者在人们心中的分量。做人最关键在一个"实"字，做老实人、说老实话、干老实事，努力创造经得起检验的实绩，这对领导干部尤为重要。但现实当中一些领导干部却是另一番景象。有的领导干部是"两面派"，台上台下两个形象，圈内圈外两种表现。有的领导干部只想当官不想干事，只想揽权不想担责，只想出彩不想出力，甚至在工作上挑肥拣瘦、拈轻怕重，不愿到艰苦的地区和岗位工作，和组织讨价还价。有的人当上了干部，做出了一些成绩，就忘乎所以，迷失自我，对自身要求不严，表率作用差。有的领导干部独断专行，搞"一言堂"，工作不会商，听不得不同意见。有的领导干部则做"老好人"，搞"一团和气"，对不良现象没有做到真抓真管。有些领导干部做人没有坚持"以人为本"，对员工的关心不到位。种种"假大空"，照见的是形式主义的虚火、高高在上的官气、求名逐利的算计。作风上的实与虚，折射的是思想上的公与私，出于公心才会踏踏实实做人，诚诚恳恳做事，私欲膨胀就会蝇营狗苟、弄虚作假。做人实不实，也反映了党员干部道德品质的高下和价值观的正确与否，一些人在社会不良风气的影响下，价值观发生偏移，认为老实人不吃香了，做人就是要八面玲珑，要活泛、会来事，这样才受欢迎，而我们的思想教育工作对这些现象不敏感，缺乏足够的针对性，不能及时地针砭时弊、弘扬正气，实实在在做人的价值观倡导得不够、正面激励也不够。这些现象的存在也和我们领导干部的监督管理不够有关，一些单位管理松弛，一些领导干部失职渎职，该抓的事不抓，该管的事不管，对不良现象睁一只眼、闭一只眼，对党员干部出现的小问题不能及时提醒批评，导致其在错误的道路上越滑越远。还在于一些党组织的组织生活不严格，党内政治生活的原则性、战斗性不强，对党员干部要求不严，没有发挥惩前毖后、治病救人的作用。

"不严不实"的种种问题，违背党的性质和宗旨，败坏党的作风、损害党的形象、疏远党群关系，使社会道德基础和党的价值理念变得脆弱，党组织的创造力、凝聚力、战斗力被削弱，贻误各项事业的发展。我们应当充分认识"不严不实"的严重危害，引起高度警觉。一是影响领导干部健康成长。"不严不实"的思想和作风会严重侵蚀领导干部队伍，使部分领导干部逐步丧失崇高的理想信念和党性修养，扭曲领导干部的世界观、人生观、价值观和权力观、地位观、利益观，导致领导干部放纵自己的行为，脱离工作重心，影响其健康成长。如果得不到有效遏制，甚至还会走上犯罪道路，最终害人害己。二是影响队伍的创造力、凝聚力、战斗力。党组织党内生活"不严不实"，政治纪律和组织纪律意识淡薄，带来的是党组织和党员队伍软弱，涣散无力，不能发挥应有的战斗堡垒和先锋模范作用。"不严不实"等问题如果不坚决纠正，任其发展下去，就会像一座无形的墙，把我们党和人民群众隔开。长此以往，必然使群众同党离心离德，削弱党的凝聚力、号召力和战斗力，严重损害党群干群关系，导致一些关系群众切身利益的问题长期得不到解决，影响改革发展稳定的大局。三是贻误各项事业发展。世间事，作于细，成于严。不严不实，万事难成。"不严不实"的作风问题会导致领导干部不注重调查研究，不了解实际情况，助长一些领导干部崇尚空谈、不务实际的不正之风，只重"显绩"不重"潜绩"，热衷于造声势出风头，搞政绩工程和形象工程。任其发展，积弊成疾，就会导致国家和公司的方针政策落不到实处，出现政策落空、政令不畅现象，导致一些工作停滞不前，错失发展机遇，成为影响公司事业发展的绊脚石。四是导致腐败现象的滋生和蔓延。"不严不实"的各种表现与消极腐败思想联系紧密，是产生腐败现象的温床。如果不能坚持"三严三实"，会导致少数领导干部信念动摇，追求享受，放弃艰苦奋斗的优良传统，甚至利用职权玩乐享受，工作拈轻怕重，陷入意志消沉、缺乏进取的状态之中，甚至堕入腐败的深渊。"三严三实"为领导干部廉洁从政设定了底线、划定了红线，如果突破底线和红线，不严守政治规矩和政治纪律，放弃了廉洁自律的操守，可能就会违反廉洁从业的相关规定，发生以权谋利、假公济私、搞权钱交易等违法违纪的腐败行为，给党和人民的事业造成重大损失。

**三、落实"三严三实"的实践要求**

"三严三实"是每个共产党人最基本的政治品格和做人准则，是各级党员干部修身履职成事之道。"严"是内在要求，指向主观世界改造。"实"是行为取向，指向客观世界改造。贯彻"三严三实"要求，必须坚持严字当头、实字托底，做到严实结合、融为一体。

（一）正心修身，锤炼"三严三实"的政治品格

做事先做人，做人必修身。对党员干部来说，修身做人就是要做合格的共产党员，做社会的先进分子。要信念坚定、为民服务、勤政务实、敢于担当、清正廉洁，成为党和人民需要的好干部。每一名党员干部在修身做人上，要有更高的标准和要求，有更高的觉悟和境界，按照"三严三实"要求加强党性锻炼和自身修养，锻造过硬的思想品格，展现共产党人的人格力量。

一是把坚定理想信念作为立身之本。理想信念是马克思主义政党团结奋斗的精神旗帜，是中国共产党人安身立命的根本，是共

产党人的命脉和灵魂。理想信念就是共产党人精神上的"钙"，没有理想信念，理想信念不坚定，精神上就会"缺钙"，就会得"软骨病"。一个党员干部过得硬，首先理想信念过得硬，缺失精神之"钙"的党员干部迟早会出问题。坚定理想信念，最重要的是抓好理论武装。有了理论上的成熟，才有信仰上的坚定和政治上的清醒；有了思想认识上的真正提高，才有行动上的高度自觉。要有计划地研读一些马克思主义基本理论著作，从源头上弄清楚马克思主义基本原理、立场、观点和方法；系统学习马克思主义中国化最新成果，准确把握新一届中央领导集体的执政理念、治国方略、工作思路，自觉把思想和行动统一到中央提出的重大战略思想、重大理论观点、重大工作部署上来，切实在思想上、政治上、行动上同党中央保持高度一致，保持强大的政治定力。回首我们公司的发展史，几代人为国尽责，勇争一流，用坚定信念为国家和人民创造能源财富，以必胜信心建设世界一流企业。但是，我们的追梦之旅没有终点，全面建成国际一流能源公司，已成为现阶段我们全力为之奋斗的战略目标。在公司发展新阶段和全面深化改革的重要时刻，全体员工要进一步坚定信念，以"爱岗敬业、求实创新"的新时期企业精神为引领，加快推进事业发展。

二是把加强党性修养作为长期的必修课。中国共产党在发展的历程中，始终把加强党性修养作为增强党性的基本途径。党性修养是共产党员本质的改造。共产党员加强党性修养的过程，就是通过组织培养和个人努力，共同锻炼和培养党性的艰难历程，就是党员自我教育、自我改造、自我完善的过程。"三严三实"正是共产党人自我净化、自我完善、自我革新、自我提高的价值追求的充分体现。我们公司各级领导干部应当具有增强党性的自觉意识，将"三严三实"融入党性修养的全过程，通过党性修养和党性锻炼，不断改造思想、磨炼意志、提高素质、增强党性。坚持党性修养不可能一蹴而就，而是要贯穿终身。加强党性修养是各级领导干部的立身之本和终生课题，要坚持以知促行、知行合一，不断让思想自觉引导行动自觉、让行动自觉深化思想自觉，把党的优良传统、优良作风化作推动事业健康发展的行动力，做到心中有党不忘恩、心中有民不忘本、心中有责不懈怠、心中有戒不妄为。我们公司即将成立党校，办好党校首要是加强党性教育工作，使之成为加强党员干部党性锻炼的熔炉。

三是把遵守政治纪律和政治规矩作为生命线。没有规矩，不成方圆。我们党是靠革命理想和铁的纪律组织起来的马克思主义政党，纪律严明是党的光荣传统和独特优势。在所有党的纪律和规矩中，第一位的是政治纪律和政治规矩。党的政治纪律和政治规矩是党的各级组织和全体党员必须遵守的行为规范和规则，是党的生命线。遵守党的政治纪律和政治规矩，是党员的基本义务，任何人都不能拿政治纪律和政治规矩当儿戏，逾越底线、触碰红线，就要付出代价，就要被严肃追究政治责任。各级领导干部一定要牢固树立纪律和规矩意识，坚守为官做人的底线，严以律己，在守纪律、讲规矩上作表率，严格遵守党章，遵守我们公司的各项规章制度，自觉把"三严三实"作为干事创业的行为准则，用"三严三实"规范自己的言行，把遵守党的政治纪律和政治规矩落到实处，在任何时刻、任何岗位上，都要经得起考验，做政治上的明白人，真正做到在任何情况下政治信仰不变、政治立场不移、政治方向不偏，永葆共产党人的政治本色。

（二）正风肃纪，落实"三严三实"的作风要求

对"三严三实"这面镜子和标尺，各级领导干部必须经常照、天天量，扪心自问修身、用权、律己严不严，谋事、创业、做人实不实，补精神之钙、固思想之元、守作风之根。

一是以"三严三实"为镜，查找差距和不足。"三严三实"从锤炼党性、用权为民、为政清廉、求真务实、敢于担当等方面深刻阐述了作风建设的新要求，体现了内在自觉和外在约束的辩证统一。各级领导干部要常用"三严三实"这面镜子严查自省，反省自己党性修养严不严、理想信念坚不坚、道德情操高不高；反省自己有没有心存敬畏、慎独慎微、老实做人。各级领导干部要坚持高标准，严要求，带头查摆解决在作风上存在的"不严不实"问题和不足。要用好两面镜子，从优秀干部的先进事迹中，自我对照找到差距，见贤思齐；从反面典型的违纪、违法案件中吸取教训、自警自省。对查摆出来的问题，做到即行即改、立知立改。各级党组织和党员干部要把落实"三严三实"的作风要求上升到执行政治纪律的高度来认识，完善并严格执行作风建设的各项制度，推进作风建设制度化、常态化、长效化。

二是以"三严三实"为戒，驰而不息整治"四风"。我们公司在落实中央八项规定精神、纠正"四风"方面总体情况向好。但"四风"问题在重压之下出现新变种，个别领导干部还存在侥幸观望心理。各级党员干部对于查找出在"四风"等作风上存在的"不严不实"问题，不能马马虎虎、敷衍了事，不能避重就轻、

讳疾忌医，要做全方位、立体式的透析检查，弄清问题性质、找到症结所在，做到药到病除。各级领导干部要自觉践行"三严三实"的要求，切实增强纪律观念和规矩意识，树立好作风上的"警戒线"，对一切腐蚀诱惑保持高度警惕，慎独慎初慎微，防微杜渐，守住做人、处事、用权、交友的底线。各级领导干部要牢固树立作风建设永远在路上的思想，驰而不息整治"四风"，真管真严，敢管敢严，长管长严，持续打好作风建设这场硬仗。

三是以"三严三实"为尺，锻炼过硬作风。"三严三实"是新的历史条件下各级领导干部的作风建设的具体标尺，为进一步加强和改进作风建设指明了方向。我们要实现"二次跨越"的宏伟蓝图，必须有一支作风过硬、务实清廉、经得起风浪考验的高素质干部队伍。目前，我们公司这支队伍作风的总体情况是好的，但是仍存在一些薄弱环节和突出问题。这些问题虽不是主流，但任其蔓延，必将严重削弱党组织的创造力、凝聚力、战斗力。我们必须高度重视这些问题，各级领导干部要常用"三严三实"这把尺子量一量自己是否达标合格，对存在的问题切实加以整改。要以责为重，身先士卒，敢于担当，在困难面前不推诿塞责，在问题面前不文过饰非，不辱使命，不负期待，为公司发展建功立业，多做贡献。各级领导干部要以廉为要，严格遵守党的纪律和国家各项政策法规以及廉洁从业的各项规定，严格执行我们公司的各项规章制度，做到清清白白做人、干干净净做事，率先垂范，作廉洁从业的楷模和表率。

（三）正道善为，遵循"三严三实"的行为标尺

"三严三实"从精神支柱、价值追求、行为规范等方面，全面

阐述了新时期优秀领导干部的精神特质，既是正心修身的思想守则，也是用权律己的"标尺"，还是干事创业的行动准则。

一是把"三严三实"作为干事创业的行动指南。"空谈误国、实干兴邦"，这既是中华民族百余年奋斗史的警示，也是我们公司发展之路的写照。我们公司之所以能够创造今日的辉煌，靠的不是空想清谈，而是真抓实干。当前及今后一段时间，我们公司发展面临很多新情况、新问题。面对严峻挑战，坚持"三严三实"作风是提高我们公司发展质量效益的重要途径。各级领导干部要把实干作为衡量工作态度、工作方法、工作作风和工作成效的重要标准，在实践中检验能力，提高素质。各级领导干部要把发展思路分解落实到每一件工作，具体细化到每一项任务，做到指标明确、责任明确、要求明确、时限明确。各级领导干部要踏实肯干，切实做到思路到位、措施到位、责任到位，求真务实、埋头苦干，察实情、讲实话，出实招、办实事。各级领导干部要开拓进取，摒弃"守摊子""无过是功"的思想，勇于直面挑战，敢于正视矛盾，以创新的思维打开发展局面。各级领导干部要讲究科学，谋事思长远，干事求实效，树立大局观念和全局意识，使所做之事适应科学发展要求，促进公司长远发展。

二是用"三严三实"凝聚改革发展的强大力量。"三严三实"是推动改革之"实"、攻坚克难之"实"。今天，我们迎来了新的发展机遇期和改革关键期，既有油气开发平稳进行，也有安全环保形势的严峻考验；既有挺进深水的高歌猛进，也有成本上升的不容乐观；既有历尽千回百转的收购成功，也有融入整合的不敢松懈。千里之行，终究要实现于毫厘之进；宏伟部署，终究要落实于毫发之末。全体干部员工都肩负着改革发展的重要使命和职责，要真正沉下心来谋发展之事、创改革之业、做实干之人，真正成为锐意创新的大胆探索者和推动改革发展的具体落实者，用"三严三实"凝聚改革发展的强大力量，加快推进事业发展。各级领导干部要努力形成风清气正的工作环境，强化勤奋敬业、建功立业的工作导向，树立认真负责、埋头苦干的工作态度，坚决反对弄虚作假、投机钻营，使每一名干部都能够专心致志、心无旁骛地干事创业。

三是以"三严三实"标准打造过得硬的干部队伍。要把"三严三实"要求贯彻到干部队伍建设之中，把"三严三实"作为选拔任用干部的重要标准、教育培养干部的重要内容、考核评价干部的重要依据、监督管理干部的重要要求。各级领导干部要认真负责带好队伍，从严管理、从严约束、从严要求。对于一些违规违纪和渎职行为，领导要坚持原则，敢于较真碰硬，避免小毛病变成大问题。正人必先正己，正己才能正人。"三严三实"的核心，就是领导干部从我做起、以上率下，在党性修养、道德情操、做人准则等方面严格要求自己，以人格的力量凝聚群众，取信于群众。"艰难困苦，玉汝于成"。领导干部只有经过千锤百炼、艰苦磨炼，才能在关键的时候沉得住气、站得出来、顶得上去。越是困难的时候，越是矛盾多的地方，越需要领导干部真抓实干、攻坚克难，在完成急难险重任务中锤炼意志、砥砺品质，在处理复杂矛盾问题中不断提升素质能力，切实培养"三严三实"作风，增强敢碰硬、敢担当的精神，引导带领职工群众以扎实过硬的作风推动公司改革发展。

（四）正己化人，恪守"三严三实"的做人准则

老实做人、做老实人，是共产党员先进性的内在要求，是各级领导干部"官德"的外在表现，也是我们党的一贯主张。领导干部品质的好坏、情操的高低，体现在是否做老实人、说老实话、干老实事。正所谓"源清则流清，心正则事正"，领导干部要把做人作为基本前提，正其心、养其德、修其身，做到正己化人。

一是坚持为人民服务的根本宗旨不动摇。为民是党的根本价值取向和价值标准。我们党来自人民、植根人民、服务人民，在任何时候、任何情况下，与人民同呼吸共命运的立场不能变，全心全意为人民服务的宗旨不能忘。当前，我们党面临的形势、肩负的任务和所处的环境都发生了新的变化，但党的宗旨和性质没有变，对党员干部为人民服务的要求不仅没有变，而且更具有现实针对性。对公司而言，广大员工是企业改革发展的力量源泉，必须始终坚持从群众中来，到群众中去，一切相信群众，一切依靠群众，一切为了群众。各级领导干部要坚持"三严三实"作风，端正态度，脚踏实地，经常深入一线、深入基层、深入群众，俯下身子多听取群众意见，始终保持与群众的血肉联系，始终坚持"以人为本，关爱员工"的理念，发自内心地关心员工、爱护员工、尊重员工，积极为员工排忧解难，切实做到为职工群众办实事、办好事。

二是坚持务实担当的实干精神不动摇。求真务实是党的作风的精髓，是保证党的事业兴旺发达的基础性作风、基础性美德。坚持原则、敢于担当，是党员干部必须具备的基本素质。今天，我

们公司比任何时候都接近国际一流能源公司的梦想。充满机遇与挑战的发展征程，离不开千千万万爱岗敬业、实干苦干的干部员工。各级领导干部要敢于担当责任，勇于直面矛盾，善于解决问题，努力创造经得起实践检验的实绩。坚持"三严三实"作风，各级领导干部就要有务实担当的实干精神。实干中始终贯穿着从严的要求，充分体现着党性的本色。只有实干，各级领导干部才能不断破解难题，才能始终把握机遇，才能顺利实现目标。各级领导干部有多大担当才能干多大事业，尽多大责任才会有多大成就。各级领导干部要脚踏实地，勤勉务实，以实干精神、实际行动影响和带动广大群众干事创业。

三是坚持清正廉洁的价值追求不动摇。党章明确规定，清正廉洁是党员领导干部必备条件之一，是每个党员都应该具备的品格。领导干部要对一切腐蚀诱惑保持高度警惕，慎独慎初慎微，防微杜渐，做严守纪律、改进作风、拒腐防变的表率，坚持清正廉洁的价值追求，加强党性锻炼和道德修养，树立正确的权力观、利益观、地位观，摆正公私关系，秉公使用权力，严格执行廉洁自律各项规定，在思想深处筑牢拒腐防线，常思贪欲之害，常怀律己之心，常弃非分之想，自觉做到底线不丢、红线不越、高压线不碰。要心存敬畏，手握戒尺，时时刻刻、事事处处把握好自己，洁身自好，管好小节，确保手中权力的行使不偏向、不变质、不越轨、不出格。

同志们！我们公司的"三严三实"专题教育从今天启动，我们要以严的精神、实的作风，抓出"三严三实"教育工作的成效。

各单位、各部门全体员工要深入学习贯彻中央精神，切实落实总公司党组的各项部署，充分认识"三严三实"专题教育的重要意义，深入把握总体要求，把开展"三严三实"专题教育作为重大政治任务，融入领导干部的经常性学习教育，及时安排部署，认真谋划推进，党委书记要承担第一责任人的责任。各级领导干部要坚持把深化学习教育放在首位，切实把严和实的要求立起来、树起来，以思想自觉引领行动自觉；各级领导干部要坚持从问题出发，认真解决"不严不实"的问题，进一步加强和改进公司干部队伍建设和作风建设；各级领导干部要坚持围绕中心、服务大局，把开展专题教育与做好改革发展稳定各项工作结合起来，做到两手抓、两促进；各级领导干部要坚持务求实效，在解决具体问题上有进展有突破，努力在深化"四风"整治、巩固和拓展党的群众路线教育实践活动成果上见实效，在守纪律讲规矩、营造良好政治生态上见实效，在真抓实干、推动公司改革发展稳定上见实效，以"三严三实"的过硬作风、奋发有为的进取精神、抓铁有痕的工作态度，积极应对严峻挑战，凝心聚力共克时艰，为建设国际一流能源公司而努力奋斗！

----

　　山羊胡看了之后说，这是一份质量很高的党课材料，主题突出，思路清晰、观点旗帜鲜明，思想性、理论性强，而且生动具体，有感染力。具体好在哪儿呢？

　　一是有骨有肉，言之有物，结构与内容相得益彰。整篇稿件观点清晰，从"三严三实"的意义、内涵，到"不严不实"的问题、危害，到"三严三实"的实践要求，都提出了清晰而突出的观点，认识到位、指向鲜明，能开拓听众的思维视野，加深听众的思考深度，不是泛泛而谈、浅尝辄止。三大部分形成一个有机的整体，逻辑严密，层层推进，让人对"三严三实"这一严肃命题有一个整体性的认识，从哲学的深度、政治的高度、理论与实践相结合的角度深入阐发，有助于受众深入把握、透彻理解。

二是内容充实，事例充分，观点素材与主题完美结合。用观点统领素材，用素材支撑观点，二者水乳交融。而所有的观点和素材的使用又不是随意的，都是在主题思想的牵引和涵盖之下，从而使得整篇文章虽然纵横捭阖，思接今昔，视通八方，但都紧紧地围绕主题而进行。文中使用的素材极为广泛，既有正面论述，也有反面情况，既有公司自身的例子，也有外部的案例，既有历史素材，也有当前事例，既有宏观概述，也有具体描述，有故事、有数据、有引征。内容十分充实，但主题始终突出，不分散、不杂乱。

三是内容分布合理，剪裁得当，层次处理有序。稿子对内容进行了细致的梳理，使之分布合理，观点与素材、论点与论据之间联系紧密。全文三个大的部分以及每个部分的局部，都有清晰合理的逻辑结构。内容层次有序，详略得当，表述的完整性、思路的一致性、逻辑的严密性等方面，都有很好的体现，整个稿子脉络分明，一气贯通。

四是论述精当，说服力强，观点具有创新性。虽然稿子是阐述重要的政治和理论问题，但稿子的论述站位高远，解读深入，丝丝入扣，十分精当，具有很强的理论性和说服力。

在阐述"三严三实"的意义和内涵时，视野深广，理论性强。从落实全面从严治党要求、打造过硬干部队伍、深入推进改革发展三个层次讲述意义，从蕴含传统文化智慧、继承和发扬党的优良传统、实现"两个一百年"奋斗目标的行动指南和践行党的群众路线重要方法论四个方面解读内涵，都做到了全面而立体，鞭辟入里又颇有洞见。

在指出"不严不实"的问题时，做到了既清醒认识又实事求是，不无视也不夸大，不走极端，很好地运用了马克思主义的哲学观点和思维方法。

例如，在指出存在的"不严不实"问题时，关于用权不严方面是这样说的："党和人民赋予领导干部一定的权力，是一种信任和重托，越是职位高、权力大，越要牢记权力的本质，树立正确的权力观。在严以用权方面很多党员干部都做出了表率，很好地诠释了什么是严以用权。但现实中一些领导干部信奉'有权不用过期作废'，一朝权在手，便把利来谋。从近年来查处的国有企业负责人严重违纪违法案件看，这些人都有利用职权为自己和他人谋取不正当利益的问题。我们公司从成立之初就特别注重按制度和程序办事，干部队伍整体的规则意识和程序意识是比较好的，但是也不代表就没有问题。现实中我们可以看到，一些人一旦有了一定的职务，就昏昏然、飘飘然，忘乎所以，不知天高地厚，胆大妄为、无所顾忌。……"一开始从正面立论，褒奖严以用权的典范，然后从反面指出问题，再转到公司情况上，描述整体情况虽然较好，但同样存在各种问题。这里其实就是运用了哲学的"正反合"理论，从而形成了正反对比，拓展了哲学深度，既有赞誉又有警戒，既全面描述又突出典型，比起直愣愣地指出问题效果要好得多。

在提出实践要求时，既注意理论上的提炼与升华，又注重现实的针对性。从四个方面进行强调：正心修身，锤炼"三严三实"的政治品格；正风肃纪，落实"三严三实"的作风要求；正道善为，遵循"三严三实"的行为标尺；正己化人，恪守"三严三实"的为人准则。可以说是论述精当，独具新意。其中的内容要点也经过精心提炼，朗朗上口，让人印象深刻，如以"三严三实"为镜，查找差距和不足；以"三严三实"为戒，驰而不息整治"四风"；以"三严三实"为尺，锻炼过硬作风。这样的表述使内容与形式实现了完美的结合。

而且，整篇稿子中有较多的观点创新，很有新意，能给人以思想的启发和精神的升华，见人之所未见，发人之所未发。例如，讲到"用权不严"的表现时，列举了假公济私、以权谋私等现象后，又另起一笔："同时我们还要注意一种现象，在从严治党的新常态下，有的干部信奉'宁可不干事，也要不出事'，在其位不谋其政，虽然不敢伸手，却也没有担当，在工作上推诿扯皮、敷衍塞责，遇到矛盾问题绕道走，对不良现象姑息迁就，还为自己不担当、不作为找借口。这其实也是用权不严行为的一种表现。"在谈到"谋事不实"时，也有这样一段："实是一种态度，也是一种能力。一些人之所以热衷于作秀、沉迷于表面文章，夸夸其谈，华而不实，除了作风虚浮，与能力不足造成的本领恐慌也有很大关系。许多'不实'的背后，是'不能'的问题。一些干部遇到难题往往采取鸵鸟政策，把矛盾盖起来、让自己藏起来，推动改革总是习惯挂'空挡'，不敢迎着困难上、顶着压力干，一个重要原因就是老办法不管用、新办法不会用、笨办法不顶用，既无法向前迈步，又不甘落于人后，既没有能力水平，又怕说自己不行，于是官僚主义、形式主义就来了，实事求是的作风就丢了。"这两段话让人印象深刻，在通常的认识之外，一针见血地指出一些习焉不察的现象，并大胆地做出判断，提出了新的观点，达到了"人人心中有，人人口中无"的效果，让人产生"确实如此""恍然大悟"的感觉。

五是内容的推进上注重起承转合，脉络清晰。起与合，指的是开头与结尾；承与转，指的是连接与过渡。文稿各个部分之间、各个段落之间以及上下句之间要有逻辑联系，如果不讲承转关系，生拼硬凑，文意就会混乱而支离。

这篇文稿中，起承转合不仅体现在文章整体的构架中，体现在段落与段落之间，还体现在句与句之间，在宏观、中观和微观层面都得到了很好的运用。除了内容本身的逻辑承转到位之外，在外在形式上，也合理运用了一些逻辑连词、过渡句进行段落与段落之间、句与句之间的过渡，以弥合相互之间文意上的缝隙，疏通整篇文章的文气。

例如，在谈到"充分认识'三严三实'的重大意义"时，第一点是"落实全面从严治党要求的重要举措"，具体内容如下：①全面从严治党是推进党的建设新的伟大工程的必然要求，是实现"四个全面"战略布局的坚强保证。②全面从严治党的核心在"严"，"严"是贯穿全面从严治党的一条主线。这就要求我们必须坚持标准、严格要求，把严守政治规矩和政治纪律作为底线约束，进一步明规矩、严纪律、强约束，形成从严从实的氛围，营造风清气正的政治生态。③"三严三实"是在清醒把握现状基础上对党员干部改进作风提出的最新要求，真正切中了作风之弊的要害，切实把准了作风建设的命脉，是反对"四风"基础上作风建设的又一次升华，是对作风建设发出的最新动员令。④"三严三实"为新形势下党员干部修身做人、为官用权、干事创业立下了规矩，要求党员干部在平日里、在细节上、在实际中贯彻"严"和"实"的要求，致力于养成习惯、形成常态。⑤应该看到，党的群众路线教育实践活动开展以来，公司党员干部队伍的作风得到明显改善，呈现出新的气象，但也要看到，无论党员干部队伍管理还是党员干部自身，都还存在不少"不严不实"的问题。⑥我们必须牢牢把握"三严三实"要求，把"三严三实"这个规矩贯彻始终，以"三严三实"祛除歪风邪气，树立清风正气，切实推进全面从严治党。这一个段落中，就很好地运用了起承转合的方法。①是起句，切入议题，提出观点，提领全段；②③④是依次承接，从全面从严治党到"严"，再到"三严三实"，层层推进，逻辑谨严，条理清晰；⑤是意思的转折，从面上的情况到具体的描述，从正面立论到指出问题，虽只有短短两句，但意思的转换形成了张力。⑥是最后收口，找到落脚点，合起全段。全段意思至此表达得非常充分而完整，内容清晰而贯通。

# 第五课

## 深入浅出，面目可亲——避免无色

这次，小毕接到一个"大活"，写一篇领导在党的群众路线教育实践活动动员大会上的讲话稿。按照前面几次积累的经验，小毕确定立意，查找资料，构思框架，提炼观点，拟订出了稿件的提纲。

# 【例文剖析——初稿提纲】

## 在深入开展党的群众路线教育实践活动动员大会上的讲话（提纲）

**一、充分认识深入开展党的群众路线教育实践活动的意义，全面把握党的群众路线教育实践活动的指导思想和基本原则**

在全党深入开展党的群众路线教育实践活动，是党的十八大做出的战略部署和加强党的建设的重大决策。抓好这次教育实践活动，是保持党的先进性和纯洁性的必然选择，是巩固党的执政基础和执政地位的现实要求，是为实现"中国梦"做出贡献的紧迫需要。我们要深刻认识党的群众路线教育实践活动的重大现实意义和深远历史意义，把思想统一到中央部署上来，以高度的政治责任感和历史使命感，强化思想自觉、行动自觉，把党的群众路线教育实践活动作为促进发展、改进工作、转变作风的重大机遇，扎扎实实做好各项工作。

（一）充分认识深入开展党的群众路线教育实践活动的意义

深入开展党的群众路线教育实践活动是弘扬党的优良传统和作风的重要举措；

深入开展党的群众路线教育实践活动是新时期全面提高党的建设科学化水平和永葆党的先进性和纯洁性的坚强保证；

深入开展党的群众路线教育实践活动是公司加强党的建设和凝聚发展合力的重要内容。

（二）全面把握党的群众路线教育实践活动的目标要求和基本原则

我们要认真学习贯彻中央精神，按照"照镜子、正衣冠、洗洗澡、治治病"的总要求，以为民、务实、清廉为主要内容，着力解决形式主义、官僚主义、享乐主义和奢靡之风方面的突出问题，确保党的群众路线教育实践活动沿着正确的方向健康、深入推进。必须始终在思想上、政治上、行动上与中央保持高度一致，准确把握党的群众路线教育实践活动的指导思想、总体要求、目标任务、基本原则和基本环节，切实把为民、务实、清廉的要求内化于心、外化于行。

要努力实现"以为民、务实、清廉为主题，着力解决突出问题"的总体要求：

为民，是实践党的群众路线的核心内容和根本目的。为民，就是要坚持以人为本，把改革发展的成果惠及广大职工群众，保障员工的人身安全、作业安全、身体健康和家庭幸福；就是要牢记宗旨、心系群众，做到权为民所用、情为民所系、利为民所谋，提高服务群众、服务基层的能力素质。

务实，是实践党的群众路线的具体途径和有效方式。务实，就是要求真务实、真抓实干，坚持重实绩、求实效；就是要一心一意谋发展，扎扎实实把党和国家的各项决策和工作落到实处。

清廉，是实践党的群众路线的基本要求和有力保障。清廉，就是要严于律己，廉洁奉公，严格遵守党纪国法，坚持高尚的精神追求，永葆共产党人清正廉洁的政治本色和浩然正气，切实做到拒腐蚀、永不沾。保持清廉，就必须坚决惩治腐败，做到反腐倡廉常抓不懈，拒腐防变警钟长鸣。

要全面把握"正面教育为主、坚持批评和自我批评、讲求实效、领导带头"的原则：

坚持以正面教育为主，就是要充分调动积极因素、充分发挥广大党员干部的主观能动性，激发广大党员干部求提高、求进步的内在动力；就是要注重发现和挖掘身边典型，运用典型示范推进教育实践活动。

坚持批评和自我批评，就是要开展积极健康的思想斗争，敢于揭短亮丑，崇尚真理、改正缺点、修正错误，真正让党员干部思想受到教育、作风得到改进、行为更加规范。

坚持讲求实效，就是要从本部门、本单位的实际出发，紧密联系党员干部的思想实际，有针对性地开展教育实践活动，切忌形式主义，努力在解决作风不实、不正和行为不廉上取得实效；就是要本着对国家、对事业高度负责的精神，切实把改革、发展、稳定的各项工作落到实处。

坚持领导带头，就是党员领导干部要以普通党员的身份，积极投身到教育实践活动中来，为广大党员作表率；党员领导干部要坚持原则，敢于负责，认真抓好本部门、本单位的教育实践活动，带头解决实际问题。

**二、总结贯彻执行党的群众路线的基本经验，以深入开展党的群众路线教育实践活动为契机，推动作风建设取得新成效**

深入开展以为民、务实、清廉为主要内容的党的群众路线教育实践活动，就必须全面准确地把握党的群众路线的基本内涵。在《中国共产党章程》中，党的群众路线的科学表述是："党在自己的工作中实行群众路线，一切为了群众，一切依靠群众，从群众中来，到群众中去，把党的正确主张变为群众的自觉行动。"

（一）客观总结公司贯彻落实党的群众路线的基本经验，在现有认识和实践基础上展开教育实践活动

一是坚持"以人为本"的理念，加强和谐企业建设，始终把员工当作企业发展的宝贵资源，让广大职工分享改革发展成果；

二是重视员工生活，着力解决好广大员工看得见、摸得着、急需解决的实际问题，保持矿区的和谐稳定；

三是紧紧围绕企业发展的中心，把国有企业政治优势转化为核心竞争力；

四是大兴求真务实之风，集中精力谋发展，扎实实施"二次跨越"发展纲要；

五是坚决贯彻落实中央八项规定精神，切实改进工作作风；

六是扎实推进党风建设和反腐倡廉工作，不断完善党风廉政和反腐倡廉体系制度化建设。

存在的问题分析。

（二）弘扬优良作风，解决突出问题，保持清廉本色，在密切联系群众方面取得新成效

一是扎实开展理想信念教育，在增强党性上提升新境界；

二是深入开展调查研究，在亲民为民上体现新作风；

三是确保"二次跨越"发展纲要真正落地，在真抓实干上展现新作为；

四是创新服务群众的载体方法，探索建立健全长效机制上的新路径；

五是大力戒除不良作风，在贯彻中央八项规定精神上取得新进展；

六是加强党风廉政建设，在清正廉洁上树立新形象。

**三、提高认识，加强领导，精心组织，创新方法，扎实推进教育实践活动，确保活动取得实效**

（一）统一思想，提高认识

中央对群众路线教育实践活动的指导思想、目标要求、方法步骤、组织领导等做出全面部署，为我们搞好活动提供了基本遵循。我们要全面领会精神，切实把思想统一到中央的决策部署上来。

我们要准确把握指导思想，深刻理解目标任务，深化对"照镜子、正衣冠、洗洗澡、治治病"总要求的认识，确保活动沿着正

确方向推进、达到预期效果。

领导班子成员要认真学习、深刻领会、吃透中央精神，以更好地发挥组织示范和推动作用。

各级机关要带头搞好党的群众路线教育实践活动，切实发挥好表率作用。

（二）突出重点，有序推进

领导小组办公室要抓紧做好有关工作，健全办公室工作制度，确定责任分工，带头改进作风，保证高效率运转，保证高质量服务，保证以好的作风指导好教育实践活动。

坚持基本环节不能少、硬性规定不变通，把"规定动作"做到位，使"自选动作"有特色。

要敢于直视矛盾，深入查找问题，做到有什么问题就解决什么问题。

要抓准选好切入点，坚持边学边查边改，在注重实效、解决问题上下功夫，坚持有什么问题就解决什么问题，什么问题突出就解决什么问题，防止流于形式走过场，确保中央部署落到实处。

（三）精心组织，务求实效

要注重加强组织领导，做好整体设计，健全工作机制。

要坚持开门搞活动，丰富活动载体，创新活动形式。

坚持用好的作风开展教育实践活动，切忌以脱离群众的方式搞群众路线教育实践活动，切忌走过场、搞形式主义。

要始终把解决问题、推动发展作为开展党的群众路线教育实践活动的出发点和落脚点，把群众满意作为根本评价标准，以活动的良好成效取信于民。

（四）统筹兼顾，致力长远

要把教育实践活动和当前工作紧密结合，着力提升发展的质量和效益，确保"两不误、两促进"。

要把教育实践活动和建章立制结合起来，注意及时总结推广典型经验，建立切实转变作风、密切联系群众的长效机制。

• • •

看完这份提纲，山羊胡叹了口气说："这和读文件没有什么两样啊。"小毕脸一红，有点不服气地辩解道："这是政治性、政策性很强的活动，难免会严肃一点嘛。"山羊胡说："领导讲话毕竟不是文件，语言还是要生动一点，而且是动员讲话，要讲得'走心'，语言上需要有特点才行，才能吸引人，让人听得进去，要是太干巴巴了，会听得人昏昏欲睡的。"

# 【同类问题描述】

山羊胡看到这份提纲，像医生诊病一样，很快做了"诊断"：这是公文写作中的一类常见问题，表现为公文语言枯燥乏味，让人望而生厌，称为"无色"。

把公文写成"官样文章"，僵硬死板，照抄照搬文件语言，四平八稳、面面俱到，或者像写论文一样佶屈聱牙、深奥难懂，总之让人感觉面目可憎、味同嚼蜡。其特征表现为语言不够准确、简洁、生动，不能给人鲜活的感受和心灵的冲击。

# ▮【理论讲解】

为什么会出现这样的情况？如何改造这类公文的语言？山羊胡如是说。

公文语言不同于文学语言和新闻报告语言，不能想象、虚构，不能使用过多的文学手法，但这绝不意味着公文就没有可读性。如果把公文写成了八股文，呆板生硬，则更多是作者思想僵化、语言苍白所导致的。

公文要立意深远，要有思想性，要有好的观点，但这些都要通过合适的语言传递和表达出来。受众对语言的接受偏好，决定了公文语言必须具有可接受性，否则主观上就是自说自话，自绝于受众，客观上也会让人读之听之生厌，达不到应有的传播效果。

所以，公文语言的一个基本要求就是要说"人话"。这看起来很简单，其实内涵很丰富，做起来也不容易。说"人话"，就是思想上要符合人的正常心理和情感，内容上要契合受众的接受程度，表达方式上要满足受众的接受心理和习惯，对于特定受众对象，还要考虑他们的兴趣、偏好以及特定的信息需求。所以，公文说"人话"是一种有效的、平等的、有诚意的沟通方式。具体到语言来说，有三个层次的要求。

首先，语言要准确。准确，即素材真实、数据准确、议论恰如其分，把要说的事、要讲的理说准确、讲明白，使语言表述与意图表达完全一致，符合客观事理，做到条理清楚，逻辑严密，语言顺畅，让受众一看（一听）就懂。准确、明白是文章的基本境界，也是起码要求。

其次，语言要简洁。公文语言要做到简洁凝练，文约事丰。简洁既指风格质朴，自然去雕饰，朴实无华，不矫揉造作、不故弄玄虚、不佶屈聱牙、不生拉硬凑，也指内容凝练，尽量使用短句，用语精确、以一当十，能用一句话的别用两句话，少说一些"正确的废话、没用的空话、好听的套话"。语言简洁就要求多写短文、讲短话。俗话说"有话则长，无话则短"，但按照简洁的要求，"有话则长"尚可理解，"无话"又何必非要"短"不可呢？应当提倡的是长话短说、无话则免。

最后，语言要生动。公文用语在准确、平实、简明的前提下，也必须做到生动活泼，明白晓畅，通俗易懂，甚至也可以追求语言美，增强可读性。在有些人看来，好像只有文学作品的语言才有可读性，公文则是容易显得单调、枯燥、干巴、平淡，跟语言美更是沾不上边。这种看法并不正确，语言生动好读有美感，不是文学作品的专利。很多经典的公文，都好读易懂，能用浅显的语言深入浅出地讲道理，很吸引人，很值得学习。

语言要生动，就得"接地气"，扎根于实际，多用来自生活的语言和群众的语言元素，多用生动形象的语言表现形式，包括一些形象化的语言，包括适当使用一些修辞。这样不仅能把事理说得准确明白，而且让人读起来有兴致，有利于加深受众的具体理解和贯彻执行。需要注意的是，语言的讲究生动并非一味追求浅显与通俗，甚至使用过多的俚语、俏皮话或者网络用语等，这样也容易适得其反，显得油滑和不庄重。语言生动不能以降低公文的思想水平和内容的严肃性为代价，深入浅出是公文语言应该追求的最高境界。

如下面这篇稿子，可以重点注意它的语言特点。

亲爱的朋友们：

正值我们公司成立30周年，也是我们公司推进"二次跨越"的起步之年。首先，我谨代表董事会和公司全体员工，向社会各界长期以来对我们的关心和支持表示由衷的感谢！

当今世界，资源、能源和环境压力给人类的可持续发展带来了严峻挑战，减少对能源、资源过度消耗的绿色低碳发展模式正在全球蓬勃兴起。作为一家负责任的能源公司，我们积极回应这一重要的全球议题，按照国家新型工业化道路的要求，秉承"贡献不竭能源、创造美好生活"的愿景，坚持"绿色低碳"的发展战略，将可持续发展理念融入企业战略和日常运营之中，大力提升公司的价值创造力、低碳竞争力和可持续发展能力，以更安全、更环保、更高效的方式，推动企业与社会、环境的共同繁荣与发展。

我们在继续加大资源开发的同时，扎实推进生态文明建设，大力促进社会和谐，坚持经济责任与环境责任、社会责任的同步履行。在环境责任方面，我们继续加强节能减排工作，大力推进清洁生产，推动传统产业转型升级；我们加快发展LNG清洁能源产业，积极探索新能源业务，不断优化能源消费结构；我们成立"海洋环境与生态保护公益基金会"，积极开展海洋生态的恢复补偿工作，加大海洋生态环境的保护力度。在社会责任方面，我们努力回馈社会，积极参与扶贫、援藏、助学等社会公益事业；在重大自然灾难面前，我们真诚伸出援助之手，对云南、贵州等地受灾群众进行救助；在海外能源投资与合作中，我们服务于当地的经济发展，造福当地居民，全力践行国际"企业公民"责任。

我们以"二次跨越"为引领，加快了从浅水到深水、从国内到国外、从传统公司治理走向现代企业规范治理的步伐。（略）

在取得上述成绩的同时，我们深知，可持续发展是一项长期而系统的工程，与社会各界对我们的期待相比，与国际一流能源公司的标准相比，我们还有很多工作要做。基于对社会责任和可持续发展的进一步认识，我们提出了"安全高效，绿色低碳，以人为本，公开透明，奉献爱心，勇于创新"的社会责任观，开展了社会责任专项管理提升活动，积极推进社会责任管理的系统工程，全面提升我们公司的可持续发展能力。

朋友们，在新的一年里，我们将继续秉承使命、勇担责任，追求公司经济、社会和环境的综合价值最大化，与您携手共创人类美好的未来！

它的语言就做到了准确、简洁和生动，明白晓畅，好读易懂，娓娓道来，互动性强，很好地表达了致辞人的观点和意图。

# 【修改要旨】

结合以上的讲解，山羊胡提出，要对提纲进行大刀阔斧的修改。他说："玉不琢不成器，好文章是改出来的。目前这份提纲从思路到框架再到语言风格，都需要做比较大的修改。"

在公文修改中，修改对象可以分不同的层面。首先是对文稿基调和主题的修改，叫"换调门"；其次是对结构的颠覆和重构，叫"换架子"；再次是对观点、素材的增删或调换，叫"换内容"；最后是对表达风格与措辞的转换与修改，叫"换语言"。所以，公文的修改讲究炼字、炼句、炼篇与炼意。炼意是前提，炼篇是关键，炼字和炼句是基础。

从炼意的角度来说，这篇稿件需要抓住两个关键点，一个是"党的群众路线教育实践活动"，这是整篇稿件的核心与主线，是主题所在，是内容的规定性；另一个是"动员讲话"，这界定了这次讲话在整个活动中的时点、目的、风格、对象和场合，这是形式的规定性。抓住了这两个关键点，炼意就有了依托。

从炼篇的角度来说，这篇稿件围绕对党的群众路线教育实践活动进行动员这一主线，理清思路、设定框架、组织内容，要讲清活动的意义和目的、原则和要求、责任与保障，回应受众的期待心理，从逻辑的角度，需要回答清楚"为什么""是什么""怎么办"等几个问题，应该以这样大的思维结构来确定文章的内容结构。

从炼字、炼句的角度来说，就是把上述关于语言的要求体现在写作中，选用合适的语言风格和表达方式，挑选最贴切、最合适的措辞，遣词造句以求得最佳表达效果。我们要合理把握语言，认真锤炼语言，追求准确、简洁与生动。为了获得更好的表达效果，我们在语言上应该精益求精，字斟句酌。

# 【例文剖析——修改稿】

山羊胡把小毕的提纲推倒重来，重新构思，重新"搭架子"，调结构，写作时重点在语言上下功夫，注意表述方式，把握语言要求。修改后的稿件如下。

————————————————————— •••

## 在公司党的群众路线教育实践活动动员大会上的讲话

各位领导、同志们：

今天我们在这里召开公司党的群众路线教育实践活动动员大会。这次会议的主要任务是，认真贯彻落实党的群众路线教育实践活动工作会议精神，按照党中央的统一部署，在全公司深入开展以为、民务、实清廉为主要内容的党的群众路线教育实践活动，引导党员干部强化宗旨意识、切实改进作风，密切与群众的血肉联系，为公司推进"二次跨越"提供坚强保证。

下面，我就学习贯彻中央文件和中央领导同志讲话精神，组织开展好总公司党的群众路线教育实践活动，讲三点意见。

### 一、为什么要开展党的群众路线教育实践活动

群众路线是我们党的生命线和根本工作路线。深入开展群众路线教育实践活动，是全党的一项重大政治任务。我们要把思想和行动统一到中央的决策部署上来，充分认识当前公司深入开展党的群众路线教育实践活动的重要性和紧迫性，以高度的政治责任感和使命感，积极投身教育实践活动当中。

（一）深入开展党的群众路线教育实践活动，是推进中国特色社会主义伟大事业的必然要求

推进中国特色社会主义伟大事业，要求全党同志必须有优良作风，也就是我们党历来坚持的理论联系实际、密切联系群众、批评和自我批评以及艰苦奋斗、求真务实等作风。我们党始终强调，加强和改进党的作风建设，核心问题是保持党同人民群众的血肉联系。密切联系群众，是党的性质和宗旨的体现。开展党的群众路线教育实践活动，就是要使全体党员干部牢记并恪守全心全意为人民服务的根本宗旨，以优良作风把广大群众紧紧凝聚在一起，为实现中华民族伟大复兴的"中国梦"而努力奋斗。

（二）深入开展党的群众路线教育实践活动，是保持党的先进性和纯洁性、加强企业党组织自身建设的重大举措

保持党的先进性和纯洁性，巩固党的执政基础和执政地位，是党的建设面临的根本问题和时代课题。我们要保持党的先进性和纯洁性，最重要的就是靠坚持党的群众路线、密切联系群众。开展党的群众路线教育实践活动，就是要把为民、务实、清廉的价值追求深深植根于全体党员的思想和行动中，夯实党的执政基础，巩固党的执政地位。中央企业是中国特色社会主义的重要支柱，是党执政的重要经济基础，是贯彻落实党的理论和路线、方针、政策的重要阵地，肩负着重要的政治、经济和社会责任。始终保持党的先进性和纯洁性，是摆在中央企业面前的一项重大而紧迫的任务，也是当前中央企业党建工作面临的重要课题。我们公司各级党组织和党员干部贯彻执行党的群众路线总体情况是好的，党员干部的作风总体上也是好的，但我们也要清醒地看到，

当前党内存在的"四风"问题的种种表现，在我们公司也不同程度地存在。开展党的群众路线教育实践活动，就是要对党员干部的作风之弊、行为之垢来一次大排查、大检修、大扫除，切实解决人民群众反映强烈的突出问题，加强党组织的自身建设，使保持党的先进性和纯洁性、巩固党的执政基础和执政地位具有广泛、深厚、可靠的群众基础。

（三）深入开展党的群众路线教育实践活动，是提高党组织创造力、凝聚力、战斗力，奋力推进"二次跨越"的重要保证

党组织的力量从植根群众、联系群众中来，从优良传统、优良作风中来。我们要增强各级党组织的创造力、凝聚力、战斗力，必须真正贯彻党的群众路线，以优良作风把广大人民群众紧紧凝聚在党的周围，努力调动全体干部员工的积极性、主动性、创造性，不断增强基层党组织建设的活力，使之成为团结带领群众出色完成各项任务的坚强堡垒。我们公司作为中央直接管理的国有企业，肩负着为国家提供安全、稳定能源供应的光荣使命，也是建设海洋强国的主力军，我们公司多年来改革发展的历程充分证明，紧紧依靠群众办企业，坚持一切从群众中来、到群众中去，是企业发展壮大的基石。要实现公司的战略目标，关键取决于我们各级党组织的力量，必须充分发挥党密切联系群众的独特优势，必须依靠全体员工的共同奋斗。我们只有始终不渝、毫不动摇地贯彻群众路线，积极发动群众、全面依靠群众，才能把全体员工更好地凝聚起来，提振精气神、拧成一股劲，同心同德，攻坚克难，汇聚起推进"二次跨越"的强大力量。开展党的群众路线教育实践活动，就是要充分尊重员工的主人翁地位，激发群众

的首创精神，发挥广大员工的主力军作用，增强新形势下的群众工作能力，提高党组织的创造力、凝聚力、战斗力，为企业科学发展提供坚强保证。

**二、怎样开展好党的群众路线教育实践活动**

中央对这次党的群众路线教育实践活动的指导思想、目标任务、基本原则、方法步骤做出了明确规定。关键要把握好以下几个方面。

（一）认真贯彻总要求，坚持以解决突出问题、密切干群关系为目的开展教育实践活动

这次党的群众路线教育实践活动明确提出"照镜子、正衣冠、洗洗澡、治治病"的总要求，这四个方面是一个相互联系、有机统一的整体，是开展党的群众路线教育实践活动必须把握好的重要遵循，必须贯穿党的群众路线教育实践活动的全过程、各环节。

照镜子，主要是以党章为镜，对照党的纪律、群众期盼、先进典型，对照改进作风的要求，在宗旨意识、工作作风、廉洁自律上摆问题、找差距、明方向。正衣冠，主要是在照镜子的基础上，按照为民、务实、清廉的要求，勇于正视缺点和不足，严明党的纪律特别是政治纪律，敢于触及思想、正视矛盾和问题，从自己做起，从现在改起，端正行为，保持共产党人的良好形象。洗洗澡，主要是以整风精神开展批评和自我批评，深入分析发生问题的原因，清洗思想和行为上的灰尘，既要解决实际问题，更要解决思想问题，保持共产党人的政治本色。治治病，主要是坚持惩前毖后、治病救人的方针，区别情况、对症下药，对作风方

面存在问题的党员、干部进行教育提醒，对问题严重的党员、干部进行查处，对不正之风和突出问题进行专项治理。

贯彻总要求，关键是把握精神实质，以整风精神开展教育实践活动。"照镜子、正衣冠、洗洗澡、治治病"，强调的是直面问题的勇气，是真转真改的态度，就是要查问题、找差距、明方向，就是要抛开面子、动真碰硬、触动灵魂，就是要自我净化、自我完善、自我革新、自我提高。以整风精神开展批评与自我批评，是贯彻好这个总要求的重要保障。

（二）牢牢把握目标任务，坚持把反对"四风"贯彻始终

中央把这次教育实践活动的主要任务聚焦到作风建设上，集中解决形式主义、官僚主义、享乐主义和奢靡之风这"四风"问题，努力在解决作风不实、不正和行为不廉上取得实效。公司多年来始终高度重视抓作风建设，始终高度重视保持与人民群众的血肉联系，紧紧依靠广大员工实现了良好的业绩，在当前全体员工扎实推进公司新发展的征程中，坚决反对"四风"对于密切党群关系、充分调动广大员工的积极性具有十分重大的意义。

反对形式主义，要着重解决工作不实的问题，教育引导党员、干部改进学风、文风、会风，改进工作作风，在大是大非面前敢于担当、敢于坚持原则，真正把心思用在干事业上，把功夫下到察实情、出实招、办实事、求实效上。反对官僚主义，要着重解决在人民群众利益上不维护、不作为的问题，教育引导党员、干部深入实际、深入基层、深入群众，坚持民主集中制，虚心向群众学习，真心对群众负责，热心为群众服务，诚心接受群众监督，坚决整治消极应付、推诿扯皮、侵害群众利益的问题。

反对享乐主义，要着重克服及时行乐思想和特权现象，教育引导党员、干部牢记"两个务必"，克己奉公，勤政廉政，保持昂扬向上、奋发有为的精神状态。反对奢靡之风，要着重狠刹挥霍享乐和骄奢淫逸的不良风气，教育引导党员、干部坚守节约光荣、浪费可耻的思想观念，做到艰苦朴素、精打细算，勤俭办一切事情。

"四风"是严重影响党群、干群关系的大问题，抓住了反对"四风"，就抓住了干部群众的关注点，就抓住了活动的着力点。我们要充分认识"四风"的危害性和顽固性，教育引导党员、干部树立群众意识，弘扬优良作风，解决突出问题，保持清廉本色，使党员、干部思想进一步提高、作风进一步转变，党群、干群关系进一步密切，为民、务实、清廉形象进一步树立。

（三）切实遵循方法步骤，确保教育实践活动扎实开展、不走过场

一是紧紧抓住三个重要环节。这次党的群众路线教育实践活动主要包括学习教育、听取意见；查摆问题、开展批评；整改落实、建章立制三个主要环节。总公司制订了具体的活动方案，对各个阶段的工作都做了具体的布置。这三个环节是相互联系、相互促进的有机整体。学习教育、听取意见是基础，通过学习教育掌握思想武器，掌握改进提高的参照坐标；查摆问题、开展批评是关键，问题找准了、批评搞好了，才有了方向和目标；整改落实、建章立制是根本，活动的最终目的就是要有所改进、有所提高，把成果巩固下来、坚持下去。各级领导干部要按照中央的要求，结合公司的实际，对三个环节的工作一项一项认真研究，一

件一件落到实处。各级领导干部既是活动的组织者、推进者、监督者，更是活动的参与者，从党组开始，各级领导班子和领导干部都要切实发挥表率作用，切实履行工作职责，带头学习教育、听取意见，带头查摆问题、开展批评，带头整改落实、建章立制，力争认识高一层、学习深一步、实践先一着、剖析解决问题好一筹。

二是开好专题民主生活会。各级领导干部要打消"批评上级怕穿小鞋、批评同级怕伤和气、批评下级怕丢选票、自我批评怕丢面子"等顾虑，围绕务实、为民、清廉，围绕解决"四风"问题，组织召开一次高质量的专题民主生活会或专题组织生活会。各级领导干部要做到严肃认真，就是态度端正，认真听取群众意见，认真开展交流谈心，认真进行自我剖析；各级领导干部要做到实事求是，就是要讲真话讲实话，不避重就轻，不回避矛盾，触及思想深处、触及问题实质；各级领导干部要做到民主团结，就是要坚持党内人人平等，坦诚相见、推心置腹，既深刻剖析和检查自己，又开展诚恳的相互批评，真正达到"团结—批评—团结"的目的。

三是牢牢把握基本原则。按照中央的要求，这次教育实践活动要牢牢把握五个基本原则，即坚持正面教育为主，坚持批评和自我批评，坚持讲求实效，坚持分类指导，坚持领导带头。我们在教育实践活动中要结合实际，牢牢把握好这五条基本原则。

（四）以好的作风开展好教育实践活动，确保教育实践活动沿着正确轨道扎实推进

各级领导干部要按照中央要求，用好的作风组织开展党的群

众教育实践活动，注重发挥典型的示范和警示作用，力戒形式主义，不走过场，做到"不虚"；各级领导干部着力解决突出问题，做到"不空"；紧紧围绕为民、务实、清廉，做到"不偏"，确保教育实践活动沿正确轨道健康深入推进。

一是解决突出问题，防止"空对空"。对存在的"四风"问题，要以敢于揭短亮丑的态度、以无私无畏的勇气，正视矛盾，直面问题。发现问题是前提，解决问题是关键。要抓住主要矛盾，什么问题突出就着重解决什么问题，什么问题紧迫就抓紧解决什么问题。要从现在做起、从我做起、从领导带头做起，说到做到、马上就改，小有小改、大有大改，切实避免查找问题蜻蜓点水、剖析原因隔靴搔痒、整改落实雷声大雨点小的现象。

二是注重分类指导，防止"一刀切"。分类指导既是思想方法，也是工作方法。公司各单位、各部门情况不同，开展活动要从实际出发，防止左右一个样、上下一般粗。要根据不同的情况，提出不同的目标要求和办法措施；要抓住各自需要解决的重点问题，有针对性地加以解决；要结合工作实际、结合党员干部思想实际，探索务实管用的具体活动载体。

三是坚持开门搞活动，防止"封闭式"。干部作风怎样，存在哪些问题，群众看得最清楚，最有发言权。开展党的群众路线教育实践活动，一定要紧紧依靠群众，坚持走群众路线。要让群众参与，从一开始就要采取多种形式，广泛听取群众意见，正确对待、虚心接受群众的意见和批评，有则改之，无则加勉。要让群众监督，无论是查摆问题、剖析问题还是解决问题，都要让群众把脉、让群众监督，整改任务书和时间表要向群众公示，使整个活动始终处于群众监督之下。要让群众评价，适时组织党员群众对解决问题、改进作风情况进行民主评议，使活动成为群众支持、群众检验、群众满意的民心工程。

四是推动中心工作，防止"两张皮"。开展党的群众路线教育实践活动，不能游离中心工作、脱离业务实际。要与推动公司科学发展紧密结合，把活动的成效体现到扎实推进公司发展、圆满完成全年生产经营任务上来。要与保障和改善民生紧密结合，解决群众反映强烈的问题，把关乎群众切身利益的事情办实办好。要与党员干部履职尽责紧密结合，教育引导党员干部增强政治意识、大局意识、责任意识，提高服务发展、服务群众的能力，充分发挥领导干部的骨干带头作用、党组织的战斗堡垒作用、党员的先锋模范作用。

五是注重建章立制，防止"一阵风"。作风问题具有反复性、顽固性，抓一抓就好些，松一松就反弹，在抓思想教育的同时必须注重制度建设，只有建立好的制度机制，才能持续发挥激励、约束作用，让好的作风得到弘扬、让不良作风受到遏制，也才能避免"一阵风"。要着眼长远，建立健全促进党员干部坚持为民、务实、清廉的长效机制，把中央要求、实际需要、新鲜经验结合起来，制定新的制度，完善已有的制度，废止不适用的制度，边实践、边整改、边总结，抓紧建立健全各种规章制度，推动改进工作作风、密切联系群众常态化、长效化。

**三、开展好党的群众路线教育实践活动的具体要求**

这次党的群众路线教育实践活动时间紧、任务重、要求高，我们要增强责任感和紧迫感，把开展好党的群众路线教育实践活动作为一项重大政治任务抓紧抓好抓实。

（一）统一思想，提高认识

我们要认真学习好中央文件以及中央领导同志的重要讲话精神，深刻领会党的群众路线教育实践活动的重大意义，准确把握党的群众路线教育实践活动的指导思想和目标要求，全面贯彻各项工作部署，把思想和行动统一到讲话精神上来，统一到中央决策部署上来。要围绕树立宗旨意识、增强群众观点这一重点，组织党员干部深入学习中国特色社会主义理论体系，学习党的光辉历史和优良传统，开展马克思主义唯物史观和党的群众路线专题讨论，引导党员干部进一步坚定理想信念，提高思想认识，牢记并恪守全心全意为人民服务的根本宗旨。

（二）精心组织，周密部署

这次党的群众路线教育实践活动涉及面广、政策性强，经过前期的认真筹备、深入研究和广泛听取意见，总公司制定了活动方案并经党组审议通过，成立了党的群众路线教育实践活动领导小组及其办公室，也成立了督导组，为开展好活动提供了组织保障。在党组的统一领导下，各级党组织是抓好各自党的群众路线教育实践活动的责任主体，务必高度重视，认真负责，把活动摆上重要议事日程，不折不扣地执行好各项工作部署，认真抓好各个环节的工作，把规定动作做到位，同时结合实际创新活动形式，把自选动作做精彩。各级党组织主要负责同志要承担起第一责任人的责任，深入一线，靠前指挥，把握进度节奏，解决关键问题。党的群众路线教育实践活动领导小组办公室要切实履行职责，扎实开展工作。各级人事组织部门、纪检机构、宣传部门等相关部门要充分发挥职能作用，齐抓共管、密切配合，形成良好的工作格局。要在抓好活动安排部署的同时，加大督促检查力度，把督促检查贯穿整个党的群众路线教育实践活动之中，督导组要把主要精力放在重点要求、重点环节、重点问题解决的督导上，充分发挥好监督指导作用。

（三）突出重点，统筹推进

总公司确定这次教育实践活动的主题是"联系群众转作风，凝心聚力促跨越"，既顺应贯彻党的群众路线、改进工作作风的要求，也契合公司扎实推进新发展的实际。要结合这一主题，突出工作重点，注重统筹兼顾。中央明确党的群众路线教育实践活动的重点是抓好县处级以上领导机关、领导班子、领导干部。公司当前的生产经营任务很重，要把开展活动同推进当前各项工作结合起来，同完成全年生产经营任务结合起来，安排好时间和精力，使活动各个环节、每项措施都为中心工作服务，把党员干部在活动中激发出来的工作热情和进取精神转化为做好工作的动力，用工作的业绩检验活动成效。要加强宣传引导，为党的群众路线教育实践活动的开展营造良好的舆论氛围，积极宣传中央的重要精神和决策部署，宣传活动的工作进展和实际成效、宣传活动中的好经验和好做法。要丰富报道内容，创新宣传方式，实现传播效应的最大化，积聚推动党的群众路线教育实践活动的正能量。

同志们！

在公司深入开展党的群众路线教育实践活动，意义重大，任务繁重。让我们按照中央的统一部署，积极参与到活动中来，进一步加强作风建设，密切与群众的血肉联系，使党组织成为公司发展的坚强领导核心，团结带领全体干部群众为实现公司跨越发展而努力奋斗！

———————————————————————————————— • • •

看了这篇稿子，山羊胡十分满意，从原来干巴巴的语言风格到现在，稿子的质量可以说是进步了一大截。分析起来，它的语言特点主要体现在几个方面。

第一，把握了语言的规范性与可读性的统一。由于开展党的群众路线教育实践活动是一项重要的政治性活动，语言应该要规范严肃，按照上级精神的要求进行表述，主旨不能偏离，一些原则性的话语必须原原本本地使用，而不能自我创造。此外，毕竟是动员讲话，不能照搬照抄文件语言，而是要使语言符合讲话的情境和场合，这就需要将文件话语进行适当的转换和"翻译"，在不失原意的基础上，用受众更能接受的语言来表达，结合工作实际和受众的思想实际来阐述，这样会使语言更接地气，有利于受众理解和贯彻执行。这是对语言准确性的要求，这一点在这篇稿子中得到了很好的体现。

一方面，在阐述理论性的命题、提出目标任务与总要求等原则性的内容、安排工作的步骤措施时，都按照上级的精神和要求来进行，不主观臆断，不自作主张，规范、严肃，有依据，有遵循；另一方面，坚持理论联系实际，将上级精神要求与自身工作实际情况相结合，使表述更有针对性和贴近性，避免了直接照搬文件带来的"上下一般粗"的问题。在谈到必要性即"为什么"时，将中央强调的活动意义与公司实际结合起来讲，让人更易于理解和接受，指出的问题也来自实际，有感而发，能让人有所触动，工作任务要紧密围绕公司的中心工作和大局来安排，使之更加落地。

第二，语言直入主题，清楚明白，简洁有力。全文三个大标题分别为：为什么要开展党的群众路线教育实践活动，怎样开展好党的群众路线教育实践活动，开展好党的群众路线教育实践活动的具体要求。从"为什么"（意义）、"是什么"（目标任务、总体要求）、"怎么样"（措施安排）三个方面，全面进行阐述和动员。这样的句式和表述摆脱了常见的理论性陈说，改用问句，能更加直接地揭示本质问题，让人一目了然、印象深刻。稿子整体的内容很多，但详略把握得当，没有大篇幅地进行理论探讨或进行过细的具体安排，而是抓住重点，突出主线，把握要义，高效率地进行表述，讲意义很透彻，讲问题不含糊，讲要求很到位，讲部署很清晰，体现了对语言简洁性的要求。

第三，语言生动形象，能吸引人。动员讲话的特点，决定了它本身就应该具有感染力，语言不枯燥，能在受众心中激起波澜，能吸引人、打动人。这篇稿子在这方面下了很大功夫，穿插使用了很多富有表现力的形象化的语言，以追求更加生动的表达效果。例如，在谈到问题整改时说，"要从现在做起、从我做起、从领导带头做起，说到做到、马上就改，小有小改、大有大改，切实避免查找问题蜻蜓点水、剖析原因隔靴搔痒、整改落实雷声大雨点小的现象"，用生活化的语言来加以比拟和比喻，更能入心入脑。

在总的要求上，强调了中央提出的"照镜子、正衣冠、洗洗澡、治治病"，这是很形象生动的修辞手法和表述风格。后文在提出要用好的作风开展群众路线教育实践活动时，也使用了类似的表述风格，从五个方面加以强调：解决突出问题，防止"空对空"；注重分类指导，防止"一刀切"；坚持开门搞活动，防止"封闭式"；推动中心工作，防止"两张皮"；注重建章立制，防止"一阵风"。这些表述不仅在句式上具有形式美，而且用具体事物比喻抽象要求，用生活语言替代文件语言，具有了更好的表达效果。这是语言生动性的鲜明体现。

# 第六课

## 异口同声，浑然一体——避免无范

　　小毕经过多次磨炼，逐渐成熟起来，也开始承担更多的任务。这一次，公司要召开党的建设工作座谈会，贯彻落实中央关于加强国有企业党建工作的相关要求和部署，研究提高党建工作水平的措施。领导要在会上讲话。由于内容牵涉面较广，讲话稿起草的任务由多个部门共同承担，但需要明确一个统稿人，负责总体把握和统稿工作。小毕的进步大家都看在眼里，所以一致推选他来担任统稿人。

　　小毕虽说第一次担任统稿人，有一些压力，但好在初生牛犊不怕虎，觉得既然领导和大家信任，那就尽最大努力做吧。他召集其他几位起草人多次开会，反复讨论研究，逐步形成共识，拿出了初稿的提纲。

# 【例文剖析——初稿提纲】

## 从严从实抓好公司党的建设
## 汇聚推进公司发展的强大力量
### ——在公司党的建设工作座谈会上的讲话（提纲）

**一、公司党的建设工作成果丰硕，为公司发展奠定了坚实的政治、组织和思想基础**

　　回顾公司成立30年来的发展历程，简述各个阶段公司党建工作的亮点。

党的建设在各项工作领域均取得了丰硕成果。

一是奠定了良好的组织基础——党建体系、组织建设

二是锻造了过硬的队伍——党管干部、党管人才

三是凝聚了共同的理想信念——思想建设、企业精神

四是培育了优秀的企业文化——宣传文化、群团活动

五是营造了健康的发展环境——作风建设、党风廉政

总结五条基本经验。

一是必须围绕中心、服务大局。党建工作沿着企业发展这条主线，围绕建设国际一流能源公司发展目标，使企业保持正确航向。

二是必须聚焦问题、求真务实。党建工作坚持问题导向；坚持突出重点；坚持求真务实。

三是必须以人为本、和谐共赢。党建工作始终坚持尊重员工主体地位，激发员工主体意识。把人放在突出重要的地位。

四是必须与时俱进、开拓创新。党建工作坚持创新工作理念、方法、模式，保持与时代"同频共振"。

五是必须遵循规律、知行合一。党建工作坚持发挥整体优势，运用统筹的方法，形成党政工团分工合作、齐抓共管的大政工格局。

**二、立足国情、党情、企情，正确分析和把握公司党建工作的新形势**

一是要深刻领会中央关于加强党建工作的新任务新要求，坚定从严从实抓党建的信心和决心。

二是要清醒认识新形势下加强党建工作的复杂性和艰巨性，切实增强做好党建工作的责任感和使命感。

1. 全面深化改革的战略部署对党建工作提出了新的更高要求。

2. 多元的社会现象与社会心理要求党建工作更具针对性、多样性和有效性。

3. 互联网的裂变式发展隐藏了巨大隐患，真实、虚假，理性、非理性的各种思想舆论叠加，增加了思想政治工作的难度。

4. 复杂的国际政治斗争环境带来意识形态领域的巨大挑战。

5. 群众对反腐倡廉、党内民主、党的执政能力建设问题高度关注，党群干群间的联系进一步密切。

三是要准确把握公司独有的党建工作特点和难点，努力使公司的党建工作始终走在央企前列。

肯定成绩的同时，也要直面不足。

1. 对企业党建工作认识不清、重视不够。

2. 党建工作与中心工作融入不深、合力不足。

3. 党员干部队伍出现意识淡化、思想动摇的现象。

4. 党建工作创新不足，思路僵化、手段落后。

在新的形势下，党建工作还面临一些挑战。

1. 较为严峻的生产经营形势带来的新挑战。

2. 全面深化改革和推进公司发展战略目标落地带来的新挑战。

3. 国际化、全球化的发展态势带来的新挑战。

4. 员工结构的不断变化带来的新挑战。

**三、坚持从严从实抓党建，一心一意谋发展，不断汇聚推进公司发展的强大力量**

当前及今后一个时期，公司党的建设工作的总体思路是：以"从严从实"的态度推进党的思想建设、组织建设、作风建设、制度建设和反腐倡廉建设，切实提高党的建设工作的科学化水平，为公司的跨越式发展提供强有力的政治、思想、组织保障。

具体抓七个方面的主要工作。

（一）把思想政治建设摆在首位，凝聚全体干部员工共同的梦想。

一是深入学习党的创新理论，准确领会和掌握精神实质和科学体系，推动学习向广度和深度发展。

二是认真抓好形势任务和方针政策教育。引导广大干部员工认清本单位、本部门、本岗位工作在全局工作中的地位和作用，自觉支持改革、投身改革。

三是扎实抓好思想引导这个经常性工作，教育员工志向高远、道德高尚。将公司发展战略落实为实实在在的奋斗目标；将企业精神落实为内化于心的价值追求；将"中国梦"落实为建设海洋强国的自觉行动。

（二）强化干部队伍作风建设，培育公司健康发展需要的好干部。

一是突出"严"字当头。对各级领导干部严格要求、严格教育、严格管理、严格监督。

二是强化"实"处入手。树立求真务实抓落实的导向，发扬说实话、干实事、求实效的作风。

三是抓好领导带头。树立立党为公、执政为民的理念，为普通党员树标杆、做表率。

四是注重建章立制。形成靠制度管人、管事、管权的长效机制。

（三）加强基层服务型党组织建设，筑牢推进公司发展的前沿阵地。

一是要加强基层党组织书记、党务工作者和党员队伍建设。

二是要寓领导和管理于服务中，使服务成为基层党组织建设的鲜明主题。

三是要充分发挥群团组织联系群众、服务群众、发动群众的桥梁和纽带作用。

（四）不断加强具有自身特色的文化建设，凝聚企业核心价值观。

一是在推进社会主义核心价值观与企业生产经营管理融合上下功夫。

二是在提炼和阐释公司价值理念体系和企业精神上下功夫。

三是在形成独具特色的企业文化上下功夫。

（五）加强宣传和舆论引导，为深化改革创新推进公司发展营造良好环境。

一是提高内外宣传工作的质量和水平。内宣要在真实可信、亲切动人、入脑入心上做文章；外宣要讲好发展故事，传播发展成就，宣传先进人物、塑造良好形象。

二是统筹公司内外宣传力量，切实形成合力。

三是不断完善宣传工作格局。着力构建党委负责、宣传思想部门主导、生产经营部门配合的宣传工作格局，着力构建上下联动、内外联合、全员参与的宣传工作机制。

（六）将依规治党和依法治企相结合，以优良的党风带动企风。

一是要用法治思维指导党的作风建设和反腐倡廉建设，推动工作常态化和制度化。

二是要严格落实党风廉政建设党委主体责任、纪委监督责任和各单位落实责任。

三是要以切实增强党性为抓手，严肃党内生活。

（七）深入把握党建工作规律，提高党建工作的科学化水平。

要注意把创新实践方法和总结规律性的认识结合起来；把继承传统和改革创新结合起来；把总结自身经验和借鉴他人经验结合起来。三个着力点：

一是继续深化对"政治优势转化为企业核心竞争力"理论的认识。

二是积极探索合资企业和区域党建工作思路。

三是充分结合项目特点创新海外党建工作方法。

最后，还想对公司广大的党务工作者提几点希望。希望你们能"自信、自知、自强、自律"。

要自信。坚定对马克思主义的信仰，坚定对中国特色社会主义的自信，进一步坚定做好党建工作的决心和信心。

要自知。要增强责任意识、忧患意识、大局意识，认清新形势下企业党的建设面临的机遇和挑战，进一步增强改革创新企业党建工作的紧迫感、责任感和使命感。

要自强。认真学习马克思主义哲学，掌握科学的世界观和方法论，将调查研究作为做好党建工作的基本功和必修课。

要自律。要带头严格遵守党的纪律，严格遵守国家法律法规和企业管理规定，讲党性，重品行，做表率。

●●●

看完这个提纲，山羊胡又提意见了，他说："提纲看上去问题不少，一是臃肿累赘，枝蔓太多，不够集中和紧凑，想说的东西太多，缺乏有效的拢合和提炼；二是分散无序，杂乱无章，逻辑结构不清晰，叠床架屋，思路不严谨，显得随意；三是支离，内容之间有交叉和重叠，缺乏一以贯之的逻辑思路，观点之间也缺乏有机联系和层次划分。按照这个提纲写出来的稿子，会松松垮垮，凌乱无序，内容风格不一致，逻辑不周延。所以，必须先从源头上调整，在思路上进行优化和完善。"

# 【同类问题描述】

在山羊胡看来，这类问题的出现，是分工写作造成的，不同人的想法和风格体现在各自写作的部分，导致整体缺乏有效的整合，没有形成一个有机统一体，他称之为"无范"。

有些报告、讲话由分工作业完成，导致风格不统一，逻辑不一致，内容不协调，脉络不贯通，即便有的部分单看很精彩，甚至可以独立成篇，但放在整体中看缺乏协调与均衡。问题表现，或者是内容缺乏概括提炼，每部分都想多说一点，全面一点，讲得过多、过细、过于周全，喧宾夺主，冲淡了主题；或者是文章布局不协调，有的占用了别的方面的观点和内容，互相抢内容；或者是不同部分"各自为政"，忽略了与主题相协同、与别的部分相呼应，以致出现内容上的遗漏和空白；或者是不同部分采用不同的逻辑思路，造成互相冲突，内容缺乏关联性和一致性，给人明显的拼凑感，脉络断断续续不连贯。这些情况，可能是在讨论提纲时考虑不够细或者内容摆布没有协调好，以及在统稿时不力造成的。

# ▌【理论讲解】

个人独立起草稿件与分工写作之后统稿，有什么不一样？做好哪几个环节的工作，能够有效避免无范？山羊胡认真地加以讲述。

范，指的是文章的范式、章法，是约定俗成的比较稳定的形态，一种合乎规范的文章形式。无范，即文章缺乏章法，不成体统，内容拼凑，形式支离。

起草重要文稿要经过领悟、构思、布局、撰写、统稿等几个环节，而出现无范的问题，主要原因为在构思和布局等环节没有把握到位。

构思：凝神于前，方能纵笔于后

文章的构思是我们酝酿构想的思维过程，作为一种有意识、有目的的精神活动，它是表达的基础和前提。思维的结果靠语言来表现，如果思维混乱和缺少创造力，表达就不会清楚明白，或者陷入语言机械模仿之中。所以，起草文稿要重视构思，注重动笔前在头脑内部的运思构想。

如果独立起草稿件，一个人构思和写作，可以较好地驾驭，而多个人分工完成稿件，大家想法不一样，怎么样才能在集中智慧与差异性之间把握平衡呢？从方法上说，要有一个从分散到集中的过程，应该充分讨论，集思广益，有效激发大家的智慧火花，在此基础上要进行必要的集中，在思路上达成共识，并成为共同的遵循，这样才能保证后续写作的顺畅；从组织上说，应该明确一个牵头负责的统稿人，他的经验更丰富，把握更到位，能善于组织和协调，善于集中大家的智慧，如果任由大家各写各的，就会陷入群龙无首、各自为政的局面。

写作的功夫往往都下在动笔之前，好的稿子都不是写出来的，而是想出来的。能把路子想好，把观点想好，把框架想好，文章就完成了一大半。分工写作会有统稿和整合的挑战，但如果运用得好，也有扩展智慧、发散思维的优势。每个人都能贡献一些想法，而且往往在讨论交流中会有意想不到的收获。

在动笔起草之前，写作者要共同讨论，对文章的全局进行设计和安排，具体表现为主题的提炼、内容的组织以及设置合适的文章架构，这些常常因文而异，是一种全方位的创造性劳动。当思路阻塞找不到感觉时，大家不妨先放松下来，任凭想象的翅膀翱翔，任凭思想火花碰撞，任凭思维的触角多方向、多维度地在脑海和记忆的"雷达"上搜寻，运用触发、发散、聚敛等思维方法产生大量信息和灵感，渐入一种灵光闪现、思绪泉涌的高度亢奋状态，也就是心理学所说的"心流"状态，然后在稿纸、计算机屏幕或黑板上罗列出一条条、一排排词组或短语，不假思索、不加选择地即时记录下来，作为构思的原料。

这一方式可以充分调动思维，引爆灵感，冲破思维定式，突破思维僵局，从而打开创新思维的大门，激发意想不到的构思创意。个人是如此，多人合作时更能如此，通过头脑风暴或"神仙会"的形式，找到合适的写作思路和更多的思维角度，这既是一个思维发散和灵感激发的过程，也是团队之间形成共识和统一思想的过程。大家通过深度讨论加深理解，为后续写作打下更好的基础。

布局：转换开阖，胸有丘壑

在构思完成之后，从宏观上对整篇文章的结构进行谋划安排，就是布局。布局的好坏，直接影响表达效果，特别是这种多人分工的稿件，前期的布局更为关键，这个环节做好了，才能避免写作时的互相"打架"和各自为战。我们只有对文章的布局合理安排，且把这种布局的安排下达到每一个人，才能使大家在统一指挥下完成自己所承担部分的任务，才能写出结构严谨、条理通达、张弛有序、收放自如的好文章。

元代程端礼说："作文，以主意为将军，转换开阖，如行军之必由将军号命。"（《程氏家塾读书分年日程》）这里的"将军"指的是文章的主题，而"转换开阖"指的就是谋篇布局，意思是文章的谋篇布局如行军的路线，务必听从军队主帅的号令。所以，文章的结构怎样安排，怎样在开头点题，怎样在中段论证，怎样在结尾呼应，各层次之间怎样起承转合等，都要听从主题的调遣。从这个角度来看，布局就是围绕文章的主题合理安排内容，使文章的各组成部分形成相互联系的有机体，达到文章内容与形式的和谐统一。

多人合作的稿件，统稿者就是执行"将军军令"的人，负责排兵布阵，协调统筹。而在这个过程中，不同的参与者能形成统一的意识并且认真执行至关重要，直接决定了最后的稿件是否符合谋篇布局时的要求。

统稿：捏合众人，如出一人

统稿，就是一篇文稿由数人分别撰写，最后由一人把几个部分"捏"起来，使之连贯和完善。统稿同时也是一种修改。因为，虽然各部分的写作是按提纲进行的，但每个人的认识水平和写作特点不同，要使它们统一起来，变成像一个人写出来的，当然免不了要动些"手术"。从总体上说，统稿所要观照的是整体而不是个体，就像乐团指挥关注的只是演奏的整体效果而不是个人的演奏水平一样，某一部分哪怕写得再好、再精彩，但如果与整体不相协调，也要进行必要的调整。

统稿要注意的问题包括：观照各部分之间的相互联系，处理好各环节的问题，使之前后照应，形成有机整体，防止松散脱节；观照各部分与主题的联系，使之共同为主题服务，防止个别部分脱离主题"开小差"；观照各部分内容是否大体均衡协调，防止繁简不一、参差不齐；观照各部分内容是否紧密衔接和配合，是否层次分明、脉络清楚，防止互相穿插，颠倒重复；观照重点部分和非重点部分的布局、篇幅是否合理，防止重点不突出，主次相混淆；观照各标题之间的逻辑关系是否严密、内容质量是否达到了同等的标准，防止各搞一套；观照关键提法、关键词、关键数据的运用是否前后一致，防止互相矛盾；观照各部分在行文习惯、表达方式等方面是否保持了大体一致的风格，防止给人以杂乱、拼凑之感。

以上几个方面，最后一个方面较难把握，而统稿统得好不好，关键就看这一个方面。不同撰稿人分别起草不同的部分，也必然体现着不同的风格，即使在起草前被要求注意保持某一种风格，但在起草时仍然会体现个人风格，因为让一个人完全改变自己的风格，毕竟不是一件容易的事。而统稿人的责任在于：把各种不同风格尽可能统一协调，使全篇大体保持同一种风格，让人感觉这篇文稿出自一人之手，而不是一篇令人眼花缭乱的"风格大杂烩"。

# 【修改要旨】

对于散乱无章、详略无序、协调无方、支离冲突的文章，要把握好构思、布局和统稿这几个关键环节，把破碎分散的章节放在整体中去定位，去概括、去提炼，实现前后呼应，避免无范。

如何修改和完善这篇稿件？山羊胡结合自己的经验，提出了看法。

第一，充分激活思维，用好分析工具帮助思考。

要集中智慧进行构思，需要开展头脑风暴等形式的讨论，把讨论成果及时有效地记录和整理，还可以用一些思维辅助工具，而最适合的是思维导图，能够帮助写作者提高思考问题的效率。

思维导图是一种利用图像辅助思考的工具，基本方法就是用一个中心关键词或想法，以辐射发散形式，引出其他相关的关键词和想法，然后将其进行系统整理，形成完整的思维体系。思维导图充分运用左右脑的机能，利用思维规律，开发人的思维潜力，提高思维能力。

在文稿起草中，运用思维导图进行提取、延展、归类、整理、提炼，进而设计、摆布，既是一个发散思维的过程，也是一个布局谋篇的过程。在思维导图确定后，文章的结构也就差不多形成了。从写作的角度说，思维导图把起草者构思的过程直观地呈现出来，使思维逻辑与文本逻辑相结合，构思与布局融为一体；从思维学的角度来说，思维导图不仅运用了传统的垂直思维，即符合常见逻辑的思维方法，也充分运用了水平思维，即打乱一般的思维顺序，通过非常规的、跳跃式的思维去寻求解决问题的办法，从而拓展了思维的广度、深度和角度。

第二，在内容上精心布局，在人员上合理分工，使之相得益彰。"六个建设"的框架形成后，内容提纲有了，就要分头写作了。由于采取多个部门共同合作的方式完成，可以根据各个部门的职责和工作范围进行分工，思想建设和党务工作者队伍建设部分由思政宣传部门负责，组织建设和作风建设部分由组织人事部门负责，反腐倡廉建设和制度建设部分由纪检部门负责。大家职责明确，各司其职。

在分工写作之前，大家首先要坐在一起认真讨论，确定各部门的内容要点，以及文稿的整体基调和大致风格要求，使大家对文稿有整体了解和把握。在写作过程中，小毕作为统稿人，要与各个部门负责写作的同志分别沟通，及时进行纠偏和调整。各部门写好后，汇到统稿人手中，由其进行初次修改，做到风格体例一致，内容不重复，逻辑匹配，详略得当。然后统稿人把参与起草的同志汇集在一起进行集体讨论，进行精细修改，进一步完善和补充。最后再由统稿人做最后的修改和润色，进行适当的提炼，提升文章的效果。这样，整个起草过程就是一个分工负责与统稿相互促进、相得益彰的过程，充分发挥了大家的积极性，使文稿内容和效果都得到了保证。

在这个过程中，要处理好分工负责与统稿的关系。

分工负责的好处是分工明确，责任到人，能够有效及时地完成任务。但要使分工负责真正体现效果，而不至于流于形式甚至"拖后腿"，处理好分工负责与统稿的关系就至关重要。要通过统稿做到内容协调、思路连贯、风格一致。在这个过程中，撰稿者和统稿者都能发挥水平，得到锻炼和提高。

好的统稿者不能居高临下，不能只说不做，而是要参与全过程的工作：在文稿起草前明确提纲，使之成为共同推进协作的基础；在写作过程中从整体上把握工作，帮助撰稿者了解整体情况，以及各自工作在整体工作中的位置及进展，要求撰稿者尽量统一文稿风格，根据需要使用恰当的表达形式，减少后期统稿的难度。如果大家的水平不一样，可以提供范文供参照。在这个过程中，还要特别注意增强撰稿者的创新意识和责任心，减少撰稿者盲从统稿者意志的依赖思想。

## 【例文剖析——修改稿】

按照上述的思路进行工作调配和内容修改，并由小毕最终统稿，交由山羊胡把关修改，形成了新的稿件。

• • •

# 守正创新，继往开来，
# 不断开创党建工作新局面
## ——在公司党的建设工作座谈会上的讲话

同志们：

中国共产党的领导是中国特色社会主义最本质的特征，是新形势下加强和改进国有企业党的建设必须坚持的重大原则。当前，公司正处在深入推进发展战略实施的重要时期，全面加强党的建设，对正确引领和有力保障公司的改革发展，具有很大的现实意义。这次会议的主要任务是：贯彻落实党中央关于加强和改进党的建设的新要求，总结交流公司党建工作成功做法，研究部署新形势下公司党建工作，探索做好党建工作的新方式新方法，动员全体党员干部，聚焦公司发展，不断开创党建工作新局面。

**一、加强思想建设，凝聚共同理想信念**

面对当前多元思想相互激荡、各种诱惑席卷而来的严峻考验，锤炼全体党员干部的理想信念是思想建设需要解决的首要问题。

公司成立30年来，在对外合作中，响应党的改革开放政策，树立并坚守"合作双赢"理念；在改革发展中，发扬党密切联系群众的优良传统，坚持以人为本，总结出具有自身特色的"三真、四实、三贴近"工作法；在发展新征程中，提炼出以"爱岗敬业、求实创新"为核心的新时期企业精神，涌现一批劳动模范和先进人物，为公司发展提供了精神标杆和思想动力。我们要继续发扬重视思想建设的优良传统，进一步凝聚思想共识。

一是坚定理想信念。坚定的理想信念，是党凝聚力、战斗力的源泉，是共产党人安身立命的根本。要高举理想信念的旗帜。对于我们来说，就是要坚定建设国际一流能源公司的理想信念。在全面深化改革、建设海洋强国的战略机遇期，我们要坚持发展的自信、建成国际一流的自信，把理想信念作为凝聚全体员工的最大共识。要把理想信念转化为履职尽责的行动。党员干部要把国有企业"三大责任"牢记于心，积极承担能源报国、建设海洋强国等重大历史使命，在现实工作中接受考验和锻炼，吃苦在前、享受在后、敢于担当、锐意进取，在履职尽责中坚定自己的政治信仰和理想信念。要加强党性锤炼。如果信念不坚定，就经不起风浪。面对"四大考验"和"四种危险"，党员干部要提高加强党性修养的自觉性和坚定性，牢固树立科学的世界观、人生观、价值观和正确的权力观、地位观、事业观，常补理想信念之"钙"，练就"金刚不坏"之身。

二是强化理论武装。思想是行动的先导，理论是实践的指南。要高度重视对党的创新理论的学习。党员干部要认真研读原文，深刻领会党中央治国理政理念，准确把握一系列重要论断提出的背景和现实意义。要通过学习型党组织建设带动学习型企业建设。以党组织学习为龙头，充分发挥党组织政治引领、战略指引、作风表率等带头作用。各级党组织要严格执行集体学习制度，每年不得少于6次。各级党组织要认真执行"三会一课"，党委书记、支部书记要带头讲党课。党组织计划在明年上半年完成党校筹建工作，发挥党校培训轮训党员干部的主渠道作用，把党校办成马克思主义学习、研究、宣传的重要阵地，打造党员干部党性锻炼的熔炉。

三是坚持文化引领。先进文化是思想建设的旗帜。要从战略高度推进文化建设，塑造核心价值体系，使之成为凝聚人心、团结力量、实现公司基业长青的强大武器。要将"中国梦"落实为建设海洋强国的自觉行动。在"建设海洋强国"大讨论的基础上，继续开展有益的文化活动，引导党员干部把个人发展与国家命运、企业前景紧密联系起来，激发勇于担当、主动作为的勇气和信心。把践行社会主义核心价值观同践行"爱岗敬业、求实创新"的企业精神充分结合，把员工的思想统一到公司改革发展上来。加强文化引导，通过选树先进典型等方式，将企业精神进一步形象化、具体化，根植于员工心中，落实到具体行动上。要将公司战略落实为实实在在的奋斗目标。借鉴开展"质量效益年"活动的经验，通过文化主题建设，引导党员干部树立"全局观"，认真落实产业方针；树立"长远观"，努力建设国际一流能源公司；树立"协调观"，不断提高发展质量和效益。

四是注重宣传教育。宣传工作要积极适应思想建设新要求和公司发展新形势，在打牢共同思想基础、营造和谐舆论环境、提供强大精神动力、培育文明道德风尚、创造良好文化条件等方面做出积极贡献。要加强引导。面对国企发展的复杂外部环境，全方位、多层次开展宣传舆论引导，特别是要做好重要时间节点、公司重大事件的宣传报道，讲好发展故事，加大正面宣传力度，凝聚改革发展正能量。要筑牢舆论阵地，加强对各种媒体平台，包括微博、微信等新媒体平台的管理，使宣传阵地尽职尽责为企业发展服务。要加强媒介素养培训，加强与媒体的沟通交流，提高舆情管理、媒体应对和危机处理能力。

## 二、加强组织建设，发挥企业党组织政治核心作用

组织建设是党的建设的重要组成部分。在公司发展壮大的过程中，组织建设取得了突出成效。在中央统一部署下，加强"四好"班子、"四强"党组织和"四优"党员队伍建设，开展创先争优、推进人才"百千万"工程；创新党建"五五一"工程、树立"双优统一"工作思路、推进国企政治优势转化为企业核心竞争力；近年来，成立地区管理局、推进机关职能优化，进一步加强党建工作的领导力量等，通过激发党委政治核心作用、党支部战斗堡垒作用和党员先锋模范作用，有力保障了企业各项中心任

务顺利完成。根据新形势下中央对组织建设的新要求，下一步重点加强四个方面的工作。

一是进一步深化干部人事制度改革。落实中央有关要求和《党政领导干部选拔任用工作条例》，积极推进"三项制度"改革，是加强组织建设、推动公司改革创新的重点工作，其中深化人事制度改革尤为关键。要完善干部选拔任用机制。修订《总公司直管领导人员选拔任用管理办法》，坚持从实际出发，科学进行民主推荐、民主测评，综合运用个别谈话、民主评议、延伸考察、实绩分析等多种方式考察选拔干部。要正确分析和对待"票数"，根据工作需要和干部德才条件，综合考虑民主推荐与平时考核、年度考核、一贯表现和人岗相适等情况，确定考察对象。要正确运用竞争性选拔。竞争性选拔包括公开选拔和竞争上岗。内部没有合适人选，特别是需要补充紧缺专业人才的，可以进行公开选拔；本单位符合资格条件人数较多且人选意见不易集中的，可以进行竞争上岗；对已有合适人选且意见相对比较集中的，一般不开展竞争选拔，不搞"凡提必竞"。确实需要实行竞争选拔的，要科学规范测试、测评，突出岗位特点和实绩竞争，防止简单以分数取人。要完善考核激励机制。建立健全职级分离制度，完善干部员工职级管理体系，将职务和工资级别、待遇适当分离，扩容同一职务工资级别运行空间，发挥好职务与职级两个杠杆的激励作用，充分调动干部员工的积极性。要在坚持差异化的基础上，进一步完善单位年度绩效考核和直管干部年度业绩考评办法，理清组织绩效与个人绩效考核的关系，进一步优化考评内容，确保考评办法更加有效管用、简便易行。

二是加强领导班子和干部队伍建设。党要管党，从严治党，关键是要从严加强干部队伍建设，坚持贯彻党管干部原则，充分发挥党组织在选人用人中的领导和把关作用。要抓好领导班子建设。要选齐配强各级领导班子，合理配备班子结构，充分考虑班子成员间知识、专业、能力结构和年龄层次上的合理性和互补性，增强班子的整体功能。定期对领导班子建设情况进行分析与评估，进一步完善领导班子考核办法，实现班子规范管理。要注重选好一把手，真正把那些政治素质强、具有领导科学发展能力、能够驾驭全局、善于抓班子带队伍、民主作风好、清正廉洁的优秀干部选拔到一把手岗位上来。要选拔公司需要的好干部。注重能力实绩，让干得好的干部发展好；注重从基层一线选拔培养干部，创造条件让优秀干部到艰苦地区、复杂岗位接受锻炼；积极推进干部交流，着力改善干部队伍结构。要真正把好干部用起来，既注重群众拥护又不简单以票取人，既注重干部成长经历又不论资排辈，既注重干部显绩又注重潜绩，让能干事者有机会，让干成事者有地位。要大力培养年轻干部。针对干部队伍年龄结构亟待优化的现状，要着眼于培养一批满足公司发展需要的优秀年轻干部，尽快制定年轻干部队伍建设的目标和工作计划，并切实落实到位。要把思想政治建设摆在首位，继续办好中青年干部培训班，不断增强年轻干部的党性观念；把作风建设作为重要任务，引导年轻干部树立正确的权力观、事业观、政绩观、进步观；把实践锻炼作为根本途径，注重基层导向，防止拔苗助长。在加快年轻干部选拔培养的同时，有计划地用好各个年龄段的干部。

三是加强人才队伍建设。人才是企业发展的核心要素，坚持党管人才，加强人才队伍建设，是企业发展的战略选择。要完善人才开发政策体系。严把人员进口关，提升人才引进质量。以编制人才发展规划为契机，对中长期人才发展进行系统性、前瞻性的顶层设计。要构建人才发展指标体系、重点人才培养体系、员工能力素质培养体系，提高人才开发效能，保障人才有序接替。要建立接续人才培育机制。目前，公司存在中高层管理人才年龄偏大，专业带头人缺乏，中坚人才断层等情况，要根据发展需要，制定员工职业发展规划，明确接续人才培育的个人和组织责任，通过交任务、压担子，在轮岗、培训等方面提供更多机会，提高员工成才率。要加速培育国际化人才队伍。以境外业务发展战略需求为导向，以优化总体布局和人才结构为主线，以建设外派员工、国际雇员、本土人才和支持团队的"四支队伍"为重点，围绕"选、育、用、励、聚"五个环节，制定国际化人才队伍建设规划，疏通国际化人才职业发展通道，努力满足国际化业务对人才的需求。

四是加强基层组织建设。抓好基层组织，党的建设才能上下贯通，各项任务才能落到实处。要提高基层党组织的战斗力、辐射力、影响力。坚持"三同时"原则，实现党组织设置全覆盖。打造坚强有力的党组织带头人队伍，加强选拔管理、交流挂职和跟踪培养等工作，对各级党组织书记进行定期轮训。认真落实党建工作责任制，开展党委书记述职，加大党建工作考核权重。严格组织生活，确保股权多元化企业、海外党员干部及时正常参加党内生活，不断提高倒班制、流动性党员的组织生活质量。坚持党组织承诺践诺、基层党支部晋位升级等好的做法。要加强服务型党组织建设。按照中央部署，公司下发了《关于加强总公司服务型党组织建设的意见》和《关于完善党员干部直接联系群众制度的意见》，要认真落实文件精神，深刻把握"服务型"的内在要求，推动党组织履行好服务发展、服务改革、服务民生、服务群众、服务党员职能。建立有利于基层党组织服务职工群众的组织架构，更加有效地整合服务资源，不断强化服务功能、提高服务质量。要加强党员队伍建设。落实《总公司关于加强新形势下发展党员和党员管理工作的意见》，按照控制总量、优化结构、提高质量、发挥作用的总要求，做到严把入口，严格入党标准和发展程序，着力优化队伍结构。要加强党员管理，严明党的政治纪律和组织纪律，完善民主评议党员制度。

### 三、加强作风建设，始终保持石油工业优良传统

作风反映党的性质、体现党的形象，关乎党和国家事业兴衰成败。

作风建设也是公司保持健康可持续发展、凝聚队伍、战胜挑战的重要"法宝"。公司成立至今，努力继承并发扬大庆精神、铁人精神、"三老四严""四个一样"等石油文化与优良作风，特别是在推进公司发展的进程中，大力弘扬新时期企业精神，提出"六个坚持、六个反对"的作风要求。在扎实推进公司发展战略的关键时期，我们要锲而不舍、坚持不懈抓好作风建设。

一是树立宗旨意识。作风是党的宗旨的体现，作风好坏与宗旨意识强弱密切相关。要牢记党全心全意为人民服务的宗旨。切实解决好世界观、人生观、价值观这个"总开关"，弄清楚"为了谁、依靠谁、我是谁"的根本性问题，清醒认识国有企业在中国特色社会主义事业中的地位和作用，深刻认识到我们所做的工

作与国家前途、民族命运紧密相连，使命关乎社稷，发展牵动民生，责任重于泰山。要巩固和拓展教育实践活动成果。按照"作风建设永远在路上"的要求，持续抓好整改落实，已经整改的要巩固成果，正在整改的要加大力度，尚未整改的要严明责任。扭住专项整治不放，对管理、审计中发现的共性突出问题，深入开展清理整顿。充分估计到作风问题的顽固性和反复性，经常组织开展"回头看"，做到锲而不舍、驰而不息。从解决"四风"问题延伸开来，努力改进思想作风、工作作风、领导作风，改进学风、文风、会风，使作风建设落地生根、成为新常态。要积极践行"以人为本"理念。满足员工在政治发展、工作报酬、民主参与、安全健康以及获得尊重、体现价值等方面的合理需求，让广大员工包括离退休员工分享企业发展的成果，让员工与企业共同成长。关心员工冷暖，多为员工办实事、办好事，特别是对于一线员工、年轻员工和家庭困难的员工，要倾注关爱之情、多做务实之事，让员工遇到困难时第一时间想到党组织，党组织在员工寻求帮助时第一时间伸出援手。推进所属单位职代会建设，确保职代会建制率达到100%，提高员工民主管理水平。要尊重一线员工和青年员工的主体地位和首创精神，积极鼓励开展形式多样的群团活动，提高员工的归属感和向心力。

二是传承艰苦奋斗作风。实现公司健康可持续发展，更加需要我们坚持艰苦奋斗、勤俭节约的优良传统。要持续落实中央八项规定精神。严格规范履职待遇、业务支出，继续在清退超标配备公车和多占办公用房，整治领导干部参加高收费培训，压缩会议文件，禁止公款送礼、公款吃喝等方面保持"高压"态势，定期开展自查自纠，保持良好风气。要坚持勤俭办企业。企业降本增效是永恒主题，要坚持厉行节约、勤俭办一切事情。年初公司开展的"质量效益年"活动，现已进入收官阶段，要善始善终、善做善成，确保总体目标顺利实现。各级党组织和广大党员要严格抓好成本管理，把勤俭办企业落到实处。要锤炼队伍艰苦奋斗作风。做好长期艰苦奋斗的思想准备，将艰苦奋斗作风融入日常岗位要求，开展合理化建议、创新创效等活动，提倡不怕苦、不怕难、艰苦奋斗、勤俭节约、积极进取、奋发有为的价值取向，保持队伍良好的精神状态。

三是落实"三严三实"要求。"三严三实"为党员干部作风建设确立了新坐标。希望党员干部做到"打铁必须自身硬"。切实践行"三严三实"。在"严以修身"中"立境界"，坚持理想信念不动摇；在"严以用权"中"廉作风"，自觉把权力关进制度的笼子；在"严于律己"中"擅自省"，做到见微知著、防微杜渐；在"谋事要实"中"戒骄躁"，咬定青山不放松，争创一流不松懈；在"创业要实"中"求实效"，实事求是推进公司改革发展；在"做人要实"中"行正道"，做老实人、说老实话、干老实事。要坚持真抓实干。党员干部要在困难与挑战面前，敢于攻坚，敢于突破，发挥主观能动性，创造性开展工作。要有知难而进、锲而不舍的精神，正视矛盾和问题，言必信、行必果，把工作落到实处。要加强作风建设督查。把作风好坏作为衡量干部的重要标准，坚持选拔看作风、考核考作风、监督管作风。建立健全领导班子、领导干部作风状况定期分析和督查机制，确保作风建设落实到位。

#### 四、加强反腐倡廉建设，营造风清气正发展环境

党中央高度重视党风廉政建设和反腐败斗争，要求严格落实党风廉政建设党委主体责任和纪委监督责任，持之以恒改进作风，坚定不移惩治腐败，形成不敢腐、不能腐、不想腐的有效机制。

党组清醒地认识到，公司的反腐倡廉工作面临着复杂形势和各种风险挑战，为此党组坚持将党风建设和反腐倡廉与生产经营一起抓，组织各级党委签订责任书，组织纪委书记述职，形成了党委领导下齐抓共管的反腐倡廉体制机制；整合纪检监察、内部审计、派出监事会、风险管理等监督力量，初步建立了事前、事中、事后全过程监督的反腐败体系。下一步，重点加强如下三个方面工作。

一是认真落实反腐倡廉工作责任。公司正在研究制定进一步落实党风建设和反腐倡廉党委主体责任、纪委监督责任的实施意见，对各级党委、领导班子成员和职能部门、各级纪委所应承担的责任做出具体规定。各级党组织要切实担负主体责任。牢固树立不抓党风建设和反腐倡廉就是失职的政治意识，党组织要在选人用人、纠正错误、监督权力、领导查处方面负起责任，主要负责同志要切实管好班子、带好队伍、管好自己、当好表率。各级领导班子成员和职能部门按照"一岗双责"要求，在分管领域、职责范围内，履行党风建设和反腐倡廉具体工作责任，避免"两张皮"。各级党委要全力支持纪委履行监督职责。各级纪委要切实落实监督责任。加快"转职能、转方式、转作风"步伐，强化监督执纪问责，加大案件查办力度，切实承担监督责任。强化上级纪委对下级纪委的领导，保证各级纪委监督权的相对独立性和权威性。要坚持原则，敢于担当，敢于碰硬，做维护党纪的黑脸

包公。要严格责任追究。对由于不履行或不认真履行反腐倡廉工作责任、抓工作不力造成严重影响的，要严格实施责任追究。对发生重大腐败案件和不正之风长期滋生蔓延的单位和部门，要严格实行"一案双查"，既要追究当事人责任，也要追究相关领导责任，不管是任现职还是已经调离或者升迁，都要追究责任。

二是坚决有力惩治腐败。要保持惩治腐败高压态势。各级党组织要坚持零容忍态度，有案必查、有腐必惩。对党员领导干部违反党纪政纪、涉嫌违法的行为，发现一起查处一起，不搞姑息迁就和例外。各级党委要加强对查办案件工作的领导和支持。查办案件要以上级纪委领导为主，线索处置和案件查办在向同级党委报告的同时必须向上级纪委报告。要健全抓早抓小机制。敢于和善于"抓早抓小"，对领导干部身上出现的问题早发现、早提醒、早查处、早纠正，防止小问题演变成大问题。对廉洁风险易发多发的关键岗位和出现苗头性、倾向性问题的领导干部，主管领导要及时约谈提醒。对短期内信访举报问题比较集中或出现苗头性、倾向性问题的单位，党组、纪检组以及各级党委、纪委要及时约谈单位党委书记和纪委书记。

三是科学有效预防腐败。把惩治和预防腐败体系建设纳入公司战略和顶层设计，融入经营管理各个环节，逐步形成不敢腐、不能腐、不想腐的有效机制。要深化反腐倡廉教育。突出预防教育，新提拔干部、新入职员工上岗前，必须接受廉洁从业教育，新并购企业、新组建项目要把制度宣讲和廉洁从业教育摆在首要位置；加强警示教育，深入总结系统内外发生的典型案例，及时做好通报和剖析；注重对青年员工、基层人员、关键岗位人员开展红线文化教育，开展经常性谈话教育。要强化对权力的制约和监督。持续完善决策、执行和监督既相互制约又相互协调的权力运行机制，进一步修订完善《总公司权限手册》，加快推行各级权力清单制度。持续推进重点领域、关键环节制度体系建设。针对采办招投标和工程建设等反映问题比较多的领域，重点加强制度建设和用权行为监督。针对公司近几年查处的违纪违法问题呈现的基层化、低职化和低龄化趋势，要关口前置、重心下沉，加强对管理末梢和业务前沿用权行为的监督。要加快用权事项信息化建设，使权力行使过程有迹可查。要加强对领导人员的监督。各级领导干部要深刻认识到，监督是对干部的真正爱护，不但要自觉接受监督，而且要坚持原则，敢抓敢管，带好队伍。加强对各级领导人员特别是主要负责人贯彻民主集中制和遵守纪律情况的监督，各级党委、纪委、各职能部门都要负起责任，形成合力。重点抓好领导干部个人有关事项报告制度、组织工作重要事项请示报告制度执行情况及规范党政领导干部兼职（任职）或领取报酬、配偶子女移居国（境）外有关情况报告等的监督检查。

## 五、加强制度建设，提高企业治理规范化水平

公司党组坚持党要管党、从严治党，持续健全公司党建工作制度体系，为公司全面加强党建工作提供了制度保证。公司自成立起就注重对标国际同行加强自身制度建设，近年来着眼于加强风险管理，全面推进内控制度体系建设，加强全方位、全流程、全覆盖的企业管控。当前，要深刻把握党的领导与法治建设的辩证关系，持续完善公司党建工作制度体系，坚持把党的领导贯彻到企业制度建设全过程和各方面，不断完善制度体系，为公司依法

合规运营、健康持续发展提供保障。

一是切实做到依法合规运营。要树立法治观念，做到用法治思维和法治方式治理企业，提高依法经营、依法治企的能力和水平。要切实增强依法合规经营意识，深刻认识到制度建设是保障权力规范运行的有效途径，自觉做到依法决策、依法经营、依法管理。要健全依法决策机制，严格经营决策程序，把专家论证、风险评估、合规性审查、集体讨论作为重大决策法定程序，建立健全重大决策合规性审查机制，建立重大决策终身责任追究及责任倒查机制。

二是健全完善党建制度体系。认真落实中央关于党内制度体系建设各项部署，着力推进党的建设制度化、规范化、程序化。要认真落实中央关于深化党的建设制度改革的重要部署。要认真落实方案要求，做好公司党建工作制度的对接和配套建设，不断健全公司党建工作制度体系。要积极推进党组织发挥政治核心作用制度化建设，重点围绕参与决策、带头执行、有效监督，积极探索党组织发挥政治核心作用的有效途径。坚持和完善"双向进入、交叉任职"的领导体制，积极探索行使党管干部职能和加强对领导人员特别是主要负责人的监督、管理的有效途径。要把党组织的机构设置、职责分工、工作任务纳入企业的管理体制、管理制度、工作规范，使党组织成为公司治理结构的有机组成部分。要加强改进作风制度化建设。结合落实《党组关于深化"四风"整治、巩固和拓展党的群众路线教育实践活动成果的实施办法》，认真总结教育实践活动的有效做法和成功经验，按照公司制度建设计划，在联系服务群众、规范权力运行等方面持续做好一批工作制度和管理制度的修订，为改进作风常态化打牢制度基础。

　　三是全面加强企业制度建设。按照集约、制约、简约的原则，持续完善企业内控制度体系，切实做到用制度管权管事管人。要切实提高制度覆盖面。加强重点领域、重点环节、重点岗位权力运行状况梳理分析和风险评估，及时做好制度建设查漏补缺。在深化改革过程中，制度建设必须同步设计、跟进到位，不留空白。加快推进贸易管理、海外管理等新业务、新领域制度建设，有效规避经营风险。加快三级及以下企业和新建企业内控制度体系建设，加强对基层和管理末端的管控。要持续推进内控制度修订。根据公司发展形势变化和新的政策要求，持续推进内控制度检查评价和修订工作，确保制度有效适应公司治理结构、重大投资决策机制、集团管控模式和机关职能优化等方面带来的新的管理要求。要扎紧制度的笼子。要按照严于国家法律、高于行业标准的要求设计企业制度。重点关注那些资金相对密集、权力相对集中、管理相对薄弱的环节。着重完善工程建设、采办招投标、科研经费管理以及海外资产等重点领域的制度程序，强化监管和风险防控。

　　四是强化制度执行。各级党组织和党员干部要带头认真学习制度，严格执行制度，自觉维护制度，坚持用制度管权管事管人，防止出现"破窗效应"。要牢固树立制度面前没有特权、制度约束没有例外的观念，一切组织和个人都要在制度范围内活动，绝不允许打"擦边球"、搞"越位"，更不允许个人权力凌驾于制度之上，坚决维护制度的严肃性和权威性。要加强对制度执行的监督检查，对制度不执行造成损失和影响的，要严肃追究责任。

## 六、加强党务工作者队伍建设，不断创新工作方式方法

　　当前，世情、国情、党情、企情的发展变化使公司党建工作

形势更加复杂，任务更加艰巨。从国际国内看，全面深化改革的战略部署对国企党建工作提出新的更高要求；多变的社会现象、多元的社会心理、多样的传播渠道，要求党建工作更具创新性、针对性和有效性。从公司自身看，国际化程度明显提高，上中下游一体化格局基本成型，股权多元化企业逐步增多；员工呈现知识化、年轻化趋势，思想活动的独立性、差异性不断增强。面对新形势，公司党建工作理念、方式方法、工作机制需要进一步改进，党务工作者队伍素质有待进一步提高。

一是牢记党建工作根本任务。要深刻认识到，国有企业党组织作为党的基础组织，具有先进的理论指导、健全的组织体系、严明的组织纪律，这是西方国家任何企业都不可比拟的独特优势。要深刻认识到，确立国企党组织在公司治理结构中的政治核心地位，构建确保党组织充分发挥政治核心作用的公司治理结构和企业运行机制，是中国特色现代企业制度的鲜明特征和本质要求。抓住这一根本任务，坚持党建工作围绕中心、服务大局，为深化改革引领正确方向，为科学发展提供坚强保障；坚持党管干部、党管人才不动摇，为公司发展打造高素质党员干部队伍；坚持党建带工建、带团建、带妇建，充分发挥党建工作维护稳定、凝聚人心、服务员工的积极作用。

二是创新党建工作方式方法。在新的形势和新的任务面前，党建工作要积极探索创新，做到与时俱进。要创新国企政治优势转化的实践路径。打破"两张皮"，跳出"就党建抓党建"的思维定势和工作定式，将党的政治优势充分融入现代企业制度，真正建立与企业战略目标相一致、与企业发展模式相匹配、与经营管理机制相协调的党建工作机制。要创新党建工作考核方法。主动适应公司制度化、精细化管理要求，探索建立有效的党建工作绩效考核体系，建立实时动态考核评价机制，引导各级党组织及时了解工作绩效，采取针对性措施改进不足。要创新党建工作技术手段。将现代管理学、组织行为学、传播学、心理学等科学理论运用到党建工作中，使党建工作做到与时俱进。将政策性、理论性、教育性相对较强的工作，通过形式新颖、员工接受度高的载体落实下去。引导各级党组织开展"一支部一特色"活动。推进传统媒体和新兴媒体融合，利用员工喜闻乐见的方式和新媒体形式开展工作，增强党建工作与员工的贴近度。要创新党建工作理论研究。主动适应深化国有企业改革的新要求，探索不同类型混合所有制企业党组织设置方式和管理模式，扩大工作覆盖面；主动适应参与国际化竞争的新特点，探索海外党组织建设的有效方式；主动适应公司设立各地区管理局的管理模式调整，探索"管理和服务并重"的跨区域党建新模式。筹建总公司党建和思想政治工作研究会，加强理论研究和工作交流探讨。

三是加强党务工作者队伍自身建设。努力建设一支政治过硬、业务精通、结构合理、作风优良的高素质党务工作者队伍，是切实加强党建工作的基础保障。要逐级落实党建工作责任。各级领导班子要强化抓好党建是本职、抓不好党建是失职、不抓党建是渎职的责任意识；各级党委书记要真正负起第一责任人的责任，其他领导干部要切实履行"一岗双责"；各管理局要切实履行总公司派出机构责任，归口管理本地区各单位党建工作；各级党务工作者要尽职尽责地抓好各项具体工作；全体党员要充分发挥好模范带头作用。要充实党务工作者队伍。目前，公司专职党务工作者仅有270名，占员工比例不到千分之三，和中央要求有较大差距。下一步要配齐配强党建工作队伍，加大党务干部选拔、任用、培训、交流力度，使党务工作既多出成绩又多出人才。在继续用好兼职党务工作者的同时，选拔一批有干劲、有热情、有能力的专职党务工作者，充实新鲜力量，壮大专职党务工作者队伍。要着力提高党务工作者素质。加强复合型党务工作者队伍建设，党务工作者要加强理论和业务学习，提高学习运用理论的能力、表达和沟通的能力、做思想工作的能力和服务党员群众的能力。各级领导干部要热情关心党务工作者，政治上信任、工作上支持、学习上指导、生活上关心，充分调动党务工作者的积极性，使他们心无旁骛地安心工作。

同志们！

公司发展正处在重要时期，坚持党的领导，充分发挥党组织的政治核心作用，推动公司科学发展，任重而道远。我们要坚持党要管党、从严治党，全面加强党的建设，不断开创公司党建工作新局面，用党建工作新成效凝聚起推进公司改革发展的强大力量，为加快建设国际一流能源公司而努力奋斗！

----

看完告知后，山羊胡给予了肯定，指出了它的优点，可以用几个"好"来概括。

一、结构框架好，逻辑严谨。全篇分六个部分，分别为思想建设、组织建设、作风建设、反腐倡廉建设、制度建设和党务工作者队伍建设，前五个建设是中央关于党建工作的内容表述（注：这是党的十九大以前关于党建工作的提法，十九大报告中关于新时代党的建设总要求有新的表述），按照这个思路进行框架设计，既体现了一定的政治和思想高度，也使整个框架比较清晰，每部分内容界定清楚。最后一个部分是关于党务工作者队伍建设的，贴合自身实际和工作需求，体现了贯彻中央精神与自身实际的结合。

二、内容布局好，摆布合理。整个稿子内容丰富，但条理分明，主线突出，不枝不蔓，六个部分围绕主题形成一个整体，每个部分当中的各个要点，又紧密围绕段落主题展开，形成了大并列+小并列的结构，像"洋葱"一样层层围绕，像"石榴"一样紧密咬合，而不是像"土豆"一样散落一地。各个部分要点清晰，分布匀称，形式上句式一致，达到均衡之美，内容上捷言尽说，达到整饬之美，从而使整个文章的布局显得十分合理，内容充实饱满，不累赘，不交叉，不缺失。

三、衔接照应好，有机联系。虽然整个稿子由多个部门的人员共同撰写，但由于讨论充分，提纲扎实，并且画出了思维导图进行直观展示，参与写作的人员能保持思路一致，步调同步，从稿子的结构上说，开头、结尾、层次、段落、过渡、呼应都做了很好的处理，起承转合非常顺畅，起伏错落非常到位，部分与部分之间、段落与段落之间、层次与层次之间、句与句之间都有紧密的逻辑关联，互相呼应，互相衔接，形成了一个有机的整体。

四、节奏把握好，风格一致。公文写作者在分工写作的基础上，进行认真细致的统稿，整体把握，仔细打磨，从而达到了整体一致。从形式结构上说，每一个部分都从理论和政治要求角度切入，论述重要性、必要性，接着讲述这方面的现状，再讲下一步的要求和措施，每一个要点都用段旨句开篇，总领全段，再分而述之；从句式特点上说，每部分、每段内部都注意采用同样的句式，把握统一的风格；从语体风格上说，使用简洁、明快的语言，直入主题，不云山雾罩，意到言止，不长篇大论，脉络通畅，不旁支歧出，并且使这一风格贯穿全篇。

# 第七课
## 有的放矢，善解人意——避免无方

这一天，山羊胡给小毕一篇稿子，让他修改完善。这是一份科技年报篇首的科委会主任致辞，这个职务由公司主要领导出任。初稿由专业部门撰写，山羊胡觉得有需要改进和提升的地方，便把这个任务交给了小毕。

# 【例文剖析——原稿】

• • •

## 《科技年报》科委会主任致辞

科技兴则民族兴，科技强则国家强。进一步解放思想，激发干部员工的主动性和创造性，增强公司发展的内生动力和活力，推动公司实现更加有质量有效益可持续的发展，是总公司培育核心竞争能力、应对低油价严峻挑战的内在要求和迫切需要。

2016年是总公司"十三五"规划开局之年和深化改革之年，也是总公司"十三五"科技发展顶层设计和发展改革重点任务部署年。一年来，总公司深入贯彻落实创新驱动发展战略和总公司领导干部会议精神，按照深化"质量效益年3.0"活动要求"统筹、突出、规范、提升"科技工作思路，成功召开总公司第八次科技大会和首届创新大会，全面总结了总公司"十二五"科技工作，明确了总公司"十三五"科技发展与改革创新的目标、原则及重点任务；发布实施"十三五"科技发展规划和标准化规划，统筹"十三五"科技重大项目和科研平台条件建设顶层设计，启动"十三五"国家重大专项和国家重点研发计划项目，稳步推进科研平台条件建设，深化科技体制机制研究，开展了科技管理内控制度整版制修订与优化，加大重大科技成果宣传，成功召开总公司第八次科技大会和首届创新大会。圆满完成了2016年各项工作任务，取得良好成效，为总公司生产经营和"降本增效"贡献了科技价值。

2017年，总公司提出了更高的生产经营目标，面临的任务更加艰巨。创新是引领发展的第一动力，建设拥有强大的科技实力与创新能力是破解发展瓶颈、厚植发展优势的重要动力源泉。我们要坚持"创新、协调、绿色、开放、共享"五大发展理念，深入贯彻十八届五中全会精神和国家创新驱动发展战略，以总公司"十三五"总体思路和发展目标为指引，以支撑增储上产、创收增效为主线，以创建关键核心技术体系为主要任务，着力完善科技决策体系，推动落实总公司"十三五"科技规划，组织实施好35个科技重大项目，完善研发投入考核机制，促进科技成果转化，推动科研条件平台建设，统筹科技项目研发—矿场试验和技术推广—"三新三化"一体化、协同创新、项目—人才—激励，推动实施大科技体制，全面发挥科技创新在公司产业可持续发展中的支撑与引领作用。

创新事关国家和企业的前途命运。希望广大科技工作者和科技管理人员能够切实吹响创新的"号角"，充分调动创新创造潜能，真正实现用创新发展新技术、培育新业态、打造新动能，为建设中国特色国际一流能源公司做出新的更大贡献！

浏览完之后，小毕觉得内容比较全面，结构也算完整，作为一份致辞，基本的要素都具备，提不出更多的意见。

山羊胡不以为然，他说："既然需要修改，肯定是因为有问题。这个稿子最大的问题在于，定位不准，具体来说，一是对使用者的站位把握得不够准确，角色意识不强，不能很好地贴合致辞人，'不是致辞人应该说的话'；二是对受众阅读期待把握得也不够准确，对象与需求意识不强，缺乏针对性，'不是受众想听到的话'。"

# 【同类问题描述】

对于这一类问题，山羊胡深有感触地说："这是很多专业部门起草稿件时容易犯的毛病，层次站位不够，方向把握不准，有点像射箭射偏了，我把这种情况叫做'无方'。"

有些部门提供的稿件，站的层次比较低，跳不出部门思维的局限，文稿的立意、观点、内容、工作举措都达不到领导的要求，行文的内容过于具体、琐碎、微观。有些文稿不看对象，都是对下布置工作的写法，千篇一律，或者在向上汇报时讲大道理，写一些具体琐碎的工作，把工作讲话的内容往上生搬硬套，或者对基层下级讲一些深奥的道理、生僻词等。

# 【理论讲解】

要避免"无方"，需要具备两种意识：领导者意识与受众意识，或称角色意识与对象意识。

领导者意识从哪里来？这就要求找准角色定位，以领导的思路、角度，站在领导的高度来思考问题，有人称之为"关起门来当领导"，或者说是一种"模拟决策"。

一是要符合领导站位。即站在领导的角度考虑问题，树立"身在兵位、胸为帅谋"的责任感，想领导所想之事，谋领导所谋之策，把领导的"关注点"作为思考问题的"着力点"。

二是要把握领导意图。即及时跟进领导的思想动向，注意把握领导思路，摸准领导想法，捕捉闪光点，做好归纳分析，写出符合领导思维层次的思想文字，把领导意图领会清楚、特点体现充分。

三是要体现领导风格。因为每一位领导讲话致辞都有自己的风格、特点和要求，因此我们要讲"角色"意识，尊重和体现领导的个性，只有符合领导"口味"的稿子才可能出色。

受众意识如何体现？就是从接受者的角度反观文稿，了解其需要传递什么样的信息，满足那些心理需求，使稿件"适销对路"，有的放矢。

一是把握受众的特点。对象是基层群众还是上级领导，是管理人员、科技人员还是专家学者，是内部员工还是外部受众，决定了所讲的内容有所区别。

二是了解受众的期待。他们希望从中得到什么？是解答疑惑，解释政策，还是肯定成绩、指出不足，或者确定方向、提出措施等，对这些期待能否进行有效回应，决定了文稿是否成功。

三是引起受众的共鸣。把握和引导受众的情绪与情感，引起共振共鸣，使受众得到鼓舞，树立信心，激发沉思，或是引起警醒。这些把握好了，文稿将取得更好的效果。

# 【修改要旨】

修改时要提升文稿的层次，提升观点的高度和深度，避免陷入具体琐碎的事务层面，善于在全局中去定位、思考和谋划，同时要调整角度，把握对象的需求，做到有的放矢。

第一，运用四种思维，提升观点的层次。

一是辩证思维。公文某种程度上都可以看成政论文。我们在写作时，在思维方式上以辩证思维为主，在内容形式上以说理为主。但是干巴巴地说理是不行的，要善于"理从事出，片言为典"，从具体的事出发总结出道理，并且浓缩提炼。辩证思维最基本的特点是将对象作为一个整体，从其内在矛盾的运动、变化及各个方面的相互联系中进行考察，以便从本质上系统地、完整地认识对象。

二是战略思维。这是指思维主体对事物的全局性思维，是系统、创造性地思考、规划全局性问题时的思维活动过程。其要求我们提升观察能力、判断能力、预见能力和创新能力，善于从全局和整体的高度以及长远宽广的视角，来考察具体的事物，把握事物运动的整体与局部、当前与长远、表面与深层、内部与外部等关系，从大处着眼，见微知著。

三是全局思维。所谓全局，是指事物各个要素相互联系、相互作用的发展过程。从空间上说具有广延性，是指关于整体的问题，从时间上说具有延续性，是指关于未来的问题。全局思维就是审时度势，时势并举。"时"就是要看清形势，着眼形势，牢牢把握住时代脉搏；"势"是一种"因势而谋、应势而动、顺势而为"的思维方式。"不谋万世者，不足谋一时；不谋全局者，不足谋一域"，"谋万世""谋全局"强调的正是全局思维的重要性。

四是创新思维。创新思维是逻辑思维、形象思维、直觉思维和灵感思维等多种思维形式的有机结合，本质在于将创新的感性意识提升到理性探索上，实现创新活动由感性认识到理性思考的飞跃。

第二，要学一点心理学。心理学既是一门理论学科，也是一门应用学科。从文稿起草的角度来说，我们主要是学习和掌握一些心理学方面的常识性东西，用以帮助我们研究分析服务对象（领导）与受众（群体或个体对象）的心理现象，即知觉、认知、情绪、人格、行为和人际关系等心理状态和外部环境。

懂得领导的心理，知道领导对文稿的基本要求，才能使文稿"适销对路"，少出现返工情况。所谓把握领导意图，从客观上说，是从管理学角度，了解领导工作职责所应该具备的要求和层次，从主观上说，就是从心理学角度，了解领导的思路、想法、情感、心理倾向、个性等。应用"靶向思维"方式，观察分析出文稿使用者在讲话风格、语体特点、学识背景、人生经历、思维方式、行事状态等方面的心理现象，然后通过对这些认知信息进行编码和提取，从而使文稿写作达到"量体裁衣"的效果。

同样的道理，当考虑受众需求时，也需要运用心理学的知识来认知对象，准确获取对象对文稿的基本意图、认知特征、观点倾向、接受期待等方面的心理信息，然后在对这些信息进行认知处理的基础上，做好选题、布局、撰写等工作。这样写出来的文稿，才能"投其所好"，做到事半功倍。

# 【例文剖析——修改稿】

按照上述思路，山羊胡操刀，对初稿进行了较大幅度的修改，使其焕然一新。

• • •

## 科技年报科委会主任致辞

科技兴则民族兴，科技强则国家强。我们深刻理解并认真贯彻落实包括创新在内的新发展理念，坚持以支撑产业发展为导向，以增强竞争力为目标，以提质增效为落脚点，大力实施创新驱动发展战略，充分调动广大干部员工创新创造潜能，激发和释放创新动力和活力，努力用创新塑造公司未来。

2014年国际油价大幅下跌以来，面对经济转型升级、能源行业变革的复杂形势，公司把加快推进创新作为应对低油价严峻挑战、培育公司核心竞争力的重要手段，创新在公司得到了更多的关注，也焕发了更大的活力。

科技创新始终是创新发展的基础和关键。2016年是公司"十三五"科技发展顶层设计和发展改革重点任务部署年，在"十二五"取得成果的基础上，公司一路按照深化"质量效益年"活动的要求，坚持顶层设计与基层创新相结合，提出了"统筹、突出、规范、提升"的科技工作思路，明确了"十三五"科技发展与改革创新的目标、原则及重点任务，发布实施了"十三五"科技发展规划和标准化规划。与此同时，在健全体制机制、建设科研平台、培育科技人才、营造创新氛围等方面都做了大量卓有成效的工作，取得了良好成效，这些成果在这份年报中得到了充分呈现。我对所有为这些成果的取得付出了辛勤和智慧的人们，致以真挚的感谢。

特别值得一提的是，2016年公司召开了第八次科技大会和首届创新大会，会上从指标、机制、人才、文化四个方面明确了公司创新"四个一"目标，以此为契机积极推进科技创新、管理创新和商业模式创新，并成立了2亿元的公司创新基金，真正把创新工作摆到了公司的重要议事日程上和工作部署中。我期望这些要求和措施能早日见到成果。

当前和今后一段时间，加快推进创新对公司尤为紧迫。从外部环境看，国内外能源格局和市场形势在发生快速变化，从公司内部看，制约公司发展的稠油、低渗、深水勘探开发等重大关键核心技术亟待突破，科技创新对公司发展的引领与支撑作用迫切需要提升。

"十三五"是公司建设中国特色国际一流能源公司的重要时期，也是公司从要素驱动发展向创新驱动发展转变的关键阶段，我们将继续把创新作为引领发展的第一动力，特别要把科技创新摆在更加突出的位置，着力增强自主创新能力，着力建设创新人才队伍，加快核心关键技术攻关和突破，以科技创新的新成果提升公司发展的竞争力，这是科技创新工作的最终归宿，也是科技创新工作的最大价值之所在。

我衷心地期盼公司广大科技工作者和科技管理人员当好公司创新发展的排头兵和先锋队，让创新的精神流淌在血液里，体现在行动上，多出创新人才，多出创新成果，助力公司实现更加有质量有效益可持续的发展。我也衷心希望更多的干部员工能够投身公司的创新发展当中，抓住创新发展机遇，创造更多的创新业绩，不负时代召唤，不负公司期待，让公司永葆创新的基因。

----

前后一对比，修改稿给人脱胎换骨之感。其好在哪里？山羊胡加以分析。

第一，体现了全局意识和战略眼光，把创新放在全局高度和战略层面加以审视，使其意义更加彰显。在时间跨度上，原稿只是对年度工作进行总结和部署，修改稿则从两个五年之交的时间跨度上，对创新加以宏观和整体把握，更具有战略高度和全局视野，也更有纵深感。

在论说方式上，从中央的精神切入，先谈对创新的理解和认识，然后结合实际谈创新工作的重要性和必要性，接着转到科技创新上来，对前一年的科技创新工作与成果进行概述，并突出重点工作，接着再讲今后一段时间创新工作与科技进步的形势与任务、思路与部署，最后对创新工作提出殷切的希望，体现了高度、深度、角度、尺度的完美结合。

在认识深度上，不像原稿只是拘泥于科技工作本身就事论事，而是从落实五大理念、实施创新驱动战略的思想高度，从用创新塑造公司未来的战略思维，从通过创新破解低油价挑战、促进提质增效的系统眼光，对创新进行深层次的考虑，并提出一些重要的判断，如"把加快推进创新作为应对低油价严峻挑战、培育公司核心竞争力的重要手段""公司从要素驱动发展向创新驱动发展转变的关键阶段""以科技创新的新成果提升公司发展的竞争力，这是科技创新工作的最终归宿，也是科技创新工作的最大价值之所在"，这些具有理论性和思想性的观点，能够有效引导读者加深对创新的理解。

在受众界定上，原稿只是针对科技工作者和管理者，视角比较狭窄，而事实上，虽然是一份科技年报，但科技创新是整个创新工作的一部分，而且与其他很多工作有交集，也引起很多方面的关注，所以它的潜在读者与目标读者不只是科技相关人员，而是更广大的群体。修改稿很好地把握了这一点，扩展了视角，针对面更广，除了将科技创新提升至创新驱动的层面之外，还用多处表述直接与受众进行交流，如"充分调动广大干部员工创新创造潜能，激发和释放创新动力和活力，努力用创新塑造公司未来""创新在公司得到了更多的关注，也焕发了更大的活力"，这就使更多人在阅读这篇文稿时产生贴近感而不是隔阂感。

第二，点面结合，有详有略，在有限的篇幅中传达了更多信息。原稿局限在具体的工作层面进行陈述，层次不高，更像一个部门负责人的讲话。修改稿既做"减法"，也做"加法"，对内容处理得更到位，对创新现状和方向把握得更有高度。

在做"减法"上，对一些具体的内容进行概述，提高其概括性，这样既把主要信息传递出来，又不至于太琐碎。例如，在讲述创新工作的定位时说，"以支撑产业发展为导向，以增强竞争力为目标，以提质增效为落脚点"，概括非常清晰；在总结前一年的成绩时，把年度工作放在五年规划的整体当中加以观照，阐述基本思路之余，用一句"坚持顶层设计与基层创新相结合"概括年度主要工作，高度凝练而精准。后面再继续概括，"与此同时，在健全体制机制、建设科研平台、培育科技人才、营造创新氛围等方面都做了大量卓有成效的工作，取得了良好成效，这些成果在这份年报中得到了充分呈现。"对具体工作加以概述，避免了絮絮叨叨地讲述具体工作。在讲述未来的工作思路时，也是从大处着眼，"将继续把创新作为引领发展的第一动力，特别要把科技创新摆在更加突出的位置，着力增强自主创新能力，着力建设创新人才队伍，加快关键核心技术攻关和突破"，如中国画一样渲染着笔，言短意长。

修改稿并不是一味删减和概述，而是在该增加的地方"做加法"，补充新信息，且不惜笔墨，突出重点。比如，在总体概述了年度工作后，又专门用了一段："特别值得一提的是，2016年公司召开了第八次科技大会和首届创新大会，会上从指标、机制、人才、文化四个方面明确了公司创新'四个一'目标，以此为契机积极推进科技创新、管理创新和商业模式创新，并成立了2亿元的公司创新基金，真正把创新工作摆到了公司的重要议事日程上和工作部署中。"用"特别值得一提"加以提示，并详述重要细节，如"四个一"目标、2亿元创新基金等，从而使结尾"真正把创新工作摆到了公司的重要议事日程上和工作部署中"显得水到渠成。

第三，语言有感染力，交互性强，能引起情感共鸣。修改稿不是以一种居高临下的口吻表述，而是用一种亲切的口吻和沟通的语气娓娓道来，并不时与受众形成思想上的互动与情感上的共鸣，拉近彼此的距离。例如这样的表述，"我对所有为这些成果的取得付出了辛勤和智慧的人们，致以真挚的感谢。""我期望这些要求和措施能早日见到成果"，恰如其分，真挚诚恳，传递的信息和观点自然更容易被受众接受。

最后一段更是如此，"我衷心地期盼公司广大科技工作者和科技管理人员当好公司创新发展的排头兵和先锋队，让创新的精神流淌在血液里，体现在行动上，多出创新人才，多出创新成果，助力公司实现更加有质量有效益可持续的发展。我也衷心希望更多的干部员工能够投身公司的创新发展当中，抓住创新发展机遇，创造更多的创新业绩，不负时代召唤，不负公司期待，让公司永葆创新的基因。"层次清晰，节奏明快，有很强的语言感染力和号召力，能给读者带来强烈的感受。

# 第八课

## 畅达有序，一脉贯通——避免无气

　　这一天，小毕又被分派了工作，帮助修改一篇公司领导在西沙增殖放流活动中的讲话稿，初稿是别的部门人员写的。有了上一次的经验，小毕心想自己应该能找出问题，对症下药。拿到稿子一看，他有点傻眼了。

## 【例文剖析——初稿】

・・・

### 在西沙增殖放流活动中的讲话

各位嘉宾、驻岛官兵：

　　本人很荣幸代表公司参加今天的增殖放流活动。能够再次受邀与农业部（注：现为农业农村部）、海南省人民政府在西沙永兴岛举办这次活动，我们也深感荣耀。

　　西沙群岛在历史上曾有"千里长沙"和"万里海塘"的美誉。这里富饶、美丽，是我国主要的热带渔场，是中国渔民自古以来重要的作业场所，也是南海珍稀濒危水生动物宝库。在西沙海域开展增殖放流活动，不仅有利于当地渔业可持续发展和渔民增收，更对维护国家领土主权和渔业权益具有重大意义。

　　回顾我公司的高效高速发展，得到了党中央、国务院的充分肯定和热情鼓励。长期以来，公司在发展过程中，始终得到了国家有关部委和地方人民政府的指导、支持和帮助，在此我们表示衷心的感谢！

　　党的十八大提出了建设海洋强国的战略部署。实施这一重大部署，对推动经济持续健康发展，对维护国家主权、安全、发展利益，对实现全面建成小康社会目标，进而实现中华民族伟大复兴都具有重大而深远的意义。要进一步关心海洋、认识海洋、经略海洋，推动我国海洋强国建设不断取得新成就。要坚持陆海统筹，全面实施海洋战略，发展海洋经济，保护海洋环境，坚决维护国家海洋权益，大力建设海洋强国。党和国家领导人对海洋事业的重视与关怀令我们深受鼓舞、倍感振奋。建设海洋强国战略的提出对于公司的可持续发展是历史性的重大机遇。在建设与保护蓝色国土的事业中，我们要努力发挥建设海洋强国主力军的作用。

　　公司自成立以来，始终坚持油气田开发建设与海洋生态保护并重，力求经济发展与环境生态保护实现双赢，积极履行"在保护中开发，在开发中保护"的海洋环保责任。我们曾与合作方出资75万元整体移植了××××项目区内400平方米的珊瑚群。我们的物探船为了不惊扰在地震数据采集区域熟睡的鲸群，心甘情愿地损失了3万美元。我们的员工精心救治跌落在平台上的受伤天鹅。涠洲终端的员工数十年如一日自发组织清理海滩垃圾，守护这个中国最美的海岛。我们是海上资源的开采者，也是海洋环境的保护者，我们建立起了国家级的专业化溢油应急响应机制，配备了专业的溢油处理设备，公司应对海上溢油突发事件的能力不断增强。

为了进一步加大对海洋环境与生态的保护力度，公司与其他公益慈善项目形成合力，进一步做好做实海洋生态保护和慈善公益工作，打造企业履行社会责任的新平台，推动企业健康可持续发展，成立了海洋环境与生态保护公益基金会。

这个公益基金会致力于海洋环境与生态保护，推动海洋环境生态科学研究与技术开发项目，支持海洋领域的国际交流与合作活动以及其他公益慈善事业。基金会业务的第一项就是资助海洋环境与生态保护活动。我们希望在这个平台上，加强与国家部委、地方人民政府的多方位合作，共同保护好我们的万里海疆，在这片蓝色的热土上，为建设美丽中国贡献我们的力量。

让我们并肩携手，为海洋经济的发展、为海洋强国的建设、为开发与保护我们的蓝色国土而共同努力。

━━━━━━━━━━━━━━━━━━━━━━━━━━━━ ● ● ●

看完稿子后，小毕有点懵，很明显这个稿子也是有问题的，可他又说不上来是什么，与前面梳理过的问题来对应，也都不太像。看来"老革命遇上新问题"了。说它不行吧，放低点标准也能用；说它可以吧，又差了一点。可要改吧，小毕不知道从哪儿下笔。看来，只能找山羊胡讨教了。

# ▌【同类问题描述】

山羊胡听他一说，再把稿子快速浏览一遍，就像中医诊脉一样说："这篇文章的问题在于'无气'。"小毕一听，有点纳闷："只听说围棋有气，文章还能有气吗？"山羊胡说："当然有。文章也是有生命的，气就是它生命的体征。好的文章意气风发，气势夺人，气脉畅通，如果有气无力，断断续续，那就是'无气'。"

有的稿子杂乱无章，没有整体感和一致性，逻辑不连贯，节奏不顺畅，读来艰涩滞阻，左冲右突；或者气息涣散，不能展示足够的逻辑力量和精神力量，整篇平淡无奇，没有气势和气度，不能打动人、感染人。

# 【理论讲解】

文气，来源于中国古代文论的概念，含义非常丰富，有本体论、主体论、风格论、创作论、鉴赏论等多种不同的视角，但笼而言之，可以从客观和主观两个方面来把握。从客观来说，文气是文章中实际蕴藏着的，读者用心阅读时可以体味和捕捉到的作者风格的整体一致感和逻辑思路与表达的流畅性。从主观来说，文中之气是作者所秉之气在文中的映现，即作者先天禀受的生命力与后天养成的思想、个性、气质等，通过意象和文字符号等表达出来。

文气所表现的整体一致感与表达流畅性，包括情感的贯通一致，表述方式的前后连贯，节奏的起伏，逻辑的环环相扣，气韵的一脉相通，气息的充沛有加……所以文气给人的感受，就是阅读或聆听时那种行云流水般通达顺畅的舒适感。反之，就会变得思绪若断若续，文气时隐时现，读起来磕磕碰碰，毫不爽利，这就是文气阙如的表现。

文章有气，才能显示生命的活力，才能以气势感染人，形成独具神韵的文风和气派。以文气观之，上乘的作品浑然天成，宛如一块璞玉雕出的器物；中等的作品制作精美，好似一方错落有致的盆景；下等的作品杂乱破碎，有如装修现场散乱堆放的板材、瓷砖、漆桶和水泥。

古人论文，讲气贯长虹、力透纸背。唐代李德裕说："气不可以不贯，不贯则虽有英辞丽藻，如编珠缀玉，不得为全璞之宝矣"。可见，如果文章文气不能贯通，即使堆砌再多的华丽辞藻，也像连起来的零星珠子，不能成为一块完整的美玉宝石。清代的曾国藩更是说："行气为文章第一义。"

如何才能使文章具有文气呢？

首先，作文前应精心构思。作品起于念头。如果作者在有意无意间早已为某一作品做了足够的知识储备，心念一动之际，就好比装满子弹的机关枪扣动了扳机，几百发子弹瞬间就酣畅淋漓地扫射了出去。这样的作品在文气上自然是可遇而不可求的。如果作者对某一作品的储备不足，念头起了以后，就应花一段时间构思作品的整体框架，即谋篇布局。"顶层设计"做好后，再将作品具体成文。这样的作品在文气上不会差到哪儿去。

其次，行文时应一气呵成。我们在有了构思和观点素材等方面的准备，动笔的时候，要有自信心，胸有成竹，一气呵成。要按照框架设计的预定目标往下写，一时缺的东西，宁肯初稿写好后再补上，也不要停顿。保持充足的创作欲望，这是保证一篇作品文气通畅的前提。在写作中可能会遇到这种情况，提笔行文时，写作的兴致很高，一旦中间遇到问题，思路卡壳或者因外部情形中断，重新拿起笔后却再也没有写作的欲望。这种情况下不宜勉强写作，因为勉强写出来的东西，从文气角度考察总会不太理想。不妨做一些强制性训练，在写之前查阅大量资料，一旦执笔写作，则将参阅资料一概收起，用自己加工过的东西和自己的语言进行表达。

最后，写完后要修改打磨。写时要热处理，写成后要冷处理。如果时间允许，草稿写出后，不要急于改。可以暂时把它放在一边，过一段时间再回过头来冷眼反观，分别站在讲话人和受众的角度去看，看出毛病，这就有了改好的心理条件和思想基础。在吟诵阅读之际，时不时会发现创作时没有注意到的细微瑕疵，如读起来拗口的地方、重复累赘的地方等。在作品的反复修改中，文气自然得到了提升。

重要的是，平常应注意文气感的培育。

　　文气感并不是一个多么神秘、多么高不可攀的东西，每一个写作者都可以去感受它、挖掘它和培育它。最好的方式是观看一些好的作品和经典的范文，感受其气势，并从中得到熏陶。

　　文气的培育，也离不开作者在综合素质方面的深厚积累。如果涵养自身的振奋豪迈之气，忘记个人的利害得失，超然于小格局之上，那么自然有一股俊伟超拔的风发意气从胸中流出，自然而然地体现在作品当中。

　　以文气观之，下面这篇稿子算得上气势充沛、气脉贯通。

# 在"981"表彰大会上的讲话

同志们：

　　几天前，从人民大会堂第二届中国质量奖颁奖大会现场传来喜讯，公司建造运营的"981"平台获得第二届中国质量奖。中国质量奖是国内质量领域的最高政府性荣誉，"981"平台成为本届唯一一个获得这一质量大奖殊荣的基层一线班组。这不仅是"981"的荣耀，也是全体员工的光荣。

　　"981"平台是我国自主建造的第一座世界先进的第六代深水钻井平台，也是我们倾力打造的深水船队的"旗舰"。自从2012年投产以来，"981"的将士们经过不断实践，逐步探索出一套以质量管理为主线、覆盖生产运营全过程的综合管理体系，打造了质量领域的优秀标杆，创造了作业质量合格率100%、客户满意度100%的优异业绩以及一系列深水作业记录，先后获得"国家科技进步特等奖"、全国能源系统"工人先锋号""全国青年安全生产示范岗""红旗班组"等荣誉，此次又获得中国质量大奖，可喜可贺。

　　经党组研究，决定授予"981"平台先进集体荣誉称号，今天，我们在这里召开表彰大会，并借此契机对全系统深入推进提质增效工作进行动员。回顾"981"建造投产运营的历程，我们深深感到，这些成绩是党中央、国务院亲切关怀和坚强领导的结果，是国家各部委和社会各界大力支持和热情帮助的结果，也是全体员工特别是"981"平台团队共同努力、精心工作的结果，在这支队伍身上，充分体现了"爱岗敬业、求实创新"的企业精神，追求卓越、精益求精的优秀品质，锲而不舍、众志成城的坚定意志。在此，我谨代表总公司党组，向受表彰的"981"平台表示热烈祝贺，向所有关心支持"981"的人们致以衷心感谢！

　　当前，在总公司上下正在全力开展"质量效益年"3.0版活动和深入推进提质增效工作之际，"981"获得质量大奖具有重大意义，主要体现在以下几个方面。

　　一是为深入推进提质增效工作注入了新动力。面对国际油价低迷的不利环境和公司成本优势弱化的严峻挑战，我们从2014年开始连续开展以"质量第一、降本增效、勤俭办企"为主题的"质量效益年"活动，今年已经是"质量效益年"活动3.0版。推进提质增效工作，既是落实中央要求和国资委部署的重要举措，也是公司积极应对低油价"寒冬"、打好生存发展攻坚战的重要抓手。"981"获得质量大奖，对全体员工是鼓舞，更是鞭策，面对当前严峻的生产经营形势和提质增效的迫切任务，我们要从"981"的优秀事迹中，学习他们事事处处以质量为重的工作理念，学习他们从源头抓质量的工作思路，学习他们注重细节、精益求精的工作制度和措施，使崇尚质量、追求质量在公司蔚然成风，使质量效益成为全体员工的自觉追求。

二是为推进深水资源开发带来了新机遇。"981"的建造投用，对于我国进军深海资源开发、提升深水作业能力等具有重要战略意义。此次获得质量大奖，进一步证明了"981"所具有的先进水平和高超性能，进一步提升了其知名度和美誉度，进一步提振了我们进军深水的信心。深海作为潜力领域，将为"981"等深水装备提供更多"用武之地"。我们要抓住当前契机，充分利用"981"等具有先进水平的深水装备，加快深水业务发展，为公司长远发展奠定坚实基础。

三是为作风建设和基层队伍建设打造了新标杆。石油行业一直具有"三老四严"等优良传统作风，在新的时代条件下，公司"三严三实"作风建设也在深入推进。作风建设要取得成效，关键是要在基层落地生根。基层班组是企业身体里的"细胞"，公司发展的基础在基层，活力也在基层。"981"平台就是一个基层队伍建设的优秀案例和作风建设的先进样本，他们在基础管理、班组建设、作风养成和基层党建等方面，都做了许多非常有益的尝试，取得了良好成效。没有过硬的作风保障，没有坚强有力的团队，就不可能有出类拔萃的成绩。"981"很多好的经验和做法，值得各基层班组学习和借鉴。特别是在全面从严治党的新形势新要求下，我们要更加重视基层党建工作，切实提高基层组织的凝聚力和战斗力，弘扬优良作风，树立党员旗帜，打造坚强堡垒。

四是为弘扬工匠精神提供了新范例。工匠精神的实质，就是坚定、踏实、专注和精益求精的精神。这是建设制造强国这一国家战略的呼唤，也是快速发展中的时代呼唤。"981"展现的追求卓越和精益求精的精神，正是工匠精神的集体体现。在公司改革发展和转型升级的过程中，不论是产品生产，还是技术研发，不论是基础管理，还是产业布局，都离不开认真负责、精益求精的精神，都需要把这种精神进一步发扬光大。

同志们！在"981"获得的荣誉和掌声面前，我们既欢欣鼓舞，也要格外冷静。我们要始终认识到，质量是发展的基础，我们各方面的工作与高标准相比，与国内外先进同行相比，依然存在较大的差距。我们要以"981"获奖为契机，扎实做好以下几项工作。

一是发扬争先创优的精神，全面推进质量升级工作。深入贯彻党中央、国务院的决策部署，结合自身特点，全面推进质量升级工作，在产品质量、安全环保质量、工程质量、工艺技术质量、科技研发质量、管理质量、队伍质量等各个领域，深入开展质量提升活动，以一流的工作标准为目标，精益求精，持续改进。严格质量监管，健全质量管理的制度体系，严守质量安全底线。完善体制机制，弘扬质量文化，激发全员质量创新活力，推动质量共抓共治。

二是发扬锲而不舍的精神，抓好以提质增效工作为核心的"质量效益年"活动。新形势赋予了"质量效益年"活动新目标和新内涵，需要我们在理念上、思路上和工作措施上进一步提升和改进。要将质量和效益上升到公司发展的战略高度，引导全体干部员工认清严峻形势、转变发展观念，牢固树立求生存谋发展意识，营造"处处讲质量、事事讲成本、人人讲效益"的氛围，把员工的热情和智慧引导到降本增效上来，共同汇聚形成提质增效的强大合力。要以"精、细、深、实"为标准，以精益管理等为手段，扎实推进提质增效工作，打好生存发展攻坚战。

三是发扬认真负责的精神，推进公司深化改革和转型升级。建设有中国特色的国际一流能源公司，需要我们全面提升工作质量，扎实推进公司深化改革和转型升级。我们要以高度认真负责的精神，以推进公司健康可持续发展为目标，破解发展难题，释放发展活力，增强发展后劲，夯实发展基础，在提高产业发展质量、推进转型升级、发挥协同效应、加强基础管理、实施创新驱动等方面取得实效，真正实现以质量和效益驱动公司发展。

四是发扬追求卓越的精神，努力打造"百年老店"。任何一家基业长青的公司，都具有追求卓越的精神，其实质是一种对工作质量极致追求的精神。正如同仁堂的古训所说，"炮制虽繁必不敢省人工、品味虽贵必不敢减物力"，这就是"百年老店、质量为本"的真谛。公司要发展壮大，同样需要秉承这种追求卓越的精神，把石油行业优良传统作风与国际先进企业的经验相结合，更加崇尚质量，精细耕耘，持续精进，一步一个脚印，打造基业长青的"百年老店"。

同志们，"981"获奖已成为过去，我们要以此为新的起点，百尺竿头、再进一步，把追求质量、追求卓越作为全公司上下重要的价值导向，实现更加有质量、有效益、可持续的发展，为建设有中国特色的国际一流能源公司奠定坚实基础，为建设质量强国做出更大贡献。

# ▌【修改要旨】

听山羊胡这么一说，小毕明白了文气是怎么回事。对于前面的初稿，也更加知道了问题在哪里。对于怎么修改，山羊胡提出了想法。

要发扬意气。体现一种思想的高度，彰显一种情怀和见识，展示大的格局，使文章充满浩然正气，张扬坚毅之气、刚强之气、明朗之气，让人读之觉得"挥斥方遒"，有意气风发之感。

要突出气势。气势是一种力度美，所表达的是作者坚定的理念、激越的情感和强烈的感受。要使文稿有气势，除了在思想深度上下功夫，也有一些行文的技巧可以借鉴。一是必须内容充实，言之有物，这是最基本的。如果内容空洞，事实不足，仅仅在表现形式上做文章，是不能真正做到气势旺盛的。二是注意锤炼语言，尽可能使用结构简单、节奏明快的短句，使用雄壮有力、气势磅礴的措辞，适当运用排比、对偶、反复，使句式整齐，读起来音节和谐，声调铿锵，气势充沛，笔力雄健，有荡气回肠之势。三是适当使用一些修辞方法，这在反映内容的同时能够产生一种美感，激发一种情绪，增强表达效果，吸引读者去深刻领会文章的内容，以达到鼓舞人心、催人奋进的效果。四是贯以真挚充沛的感情，以强烈的感情感染受众，从而更增强文稿的气势。

要贯通气脉。文章最贵一气贯通，即思维的脉络连贯畅通，结构的安排紧凑顺畅，首尾一体，一气呵成，给人势如破竹之感。文气贯通包括两个方面：一是思路上做到文理连贯，内容上合理、有序、连贯、周延；二是语气上做到文气连贯，外在表现形式上力求自然、连贯、流畅、通达。

# ▌【例文剖析——修改稿】

按照上述内容，小毕做了一番修改，使稿件与原来相比大不同了。

# 在西沙海域渔业资源增殖放流活动中的讲话

各位领导、各位朋友，驻岛官兵们：

大家好！

非常高兴来到美丽的西沙永兴岛参加西沙海域渔业资源增殖放流活动。我国历来高度重视水生生物资源养护事业发展，近年来，农业部（注：现为农业农村部）会同地方人民政府和相关涉海单位组织开展了一系列大规模增殖放流活动，取得良好经济、生态和社会效益。作为此次西沙海域渔业资源增殖放流活动的联合举办方，我谨代表公司全体干部员工，对参与此次活动的领导和嘉宾表示衷心感谢。

西沙海域是我国重要的热带渔场，是我国最富有生物多样性的海域之一，其中很多生物品种具有极高的经济价值。西沙群岛常年栖息着30多种国家保护的一类、二类珍贵野生动物，是南海珍稀濒危水生动物宝库。近些年来，西沙海域的生态环境遭受一定破坏，生态系统越来越脆弱，生物多样性受到挑战。恢复西沙海域生态平衡、保护西沙海域生态环境是一项功在当代、利在千秋的事业，是大力推进生态文明、努力建设美丽中国的实际行动。

开展西沙海域渔业资源增殖放流活动，对于养护南海海域生物资源、保护南海珍稀濒危野生动物、守护我们宝贵的蓝色家园具有重要意义。更重要的是，西沙海域是祖国神圣不可侵犯的蓝色国土，西沙群岛是捍卫祖国边疆的海上长城，无论是我们这次开展的增殖放流活动，还是我们公司从事的海洋油气开发活动，都是用经济手段维护国家海洋权益的有效方式，对于宣示国家主权、维护国家权益发挥着特殊作用。

我们历来重视保护海洋渔业及生物资源的多样性，始终坚持油气田开发建设与海洋生态保护并重，积极履行"在保护中开发，在开发中保护"的海洋环保责任，力求经济发展与环境保护实现双赢。我们珍惜海洋生态体系，曾与合作方出资75万元整体移植了××××项目区内400平方米的珊瑚群。我们善待海洋渔业生物，物探船曾为了不惊扰在地震数据采集区域熟睡的鲸群，暂停作业损失3万美元；我们的员工精心救治跌落在平台上的受伤天鹅。我们爱护海洋环境，涠洲终端的员工数十年如一日自发组织清理海滩垃圾；我们建立了国家级的专业化溢油应急响应机制，配备了专业的溢油处理设备，在开发利用海洋的过程中竭力保护生态环境。我们还成立了"海洋环境与生态保护公益基金会"，开展了南海增殖放流、斑海豹保护研究等海洋环保和生态保护项目，力争在企业发展的同时，与自然和谐相处，实现资源和环境的可持续发展。

南海是我国深海油气勘探开发潜力最大的海域之一，也是重要的油气产区。作为我国海洋石油工业的国家队和主力军，我们充分认识到加快南海勘探开发的重大战略意义和紧迫形势，大力推进南海油气资源勘探开发，努力在南海深水区域早日形成规模产量。

南海海域特别是中南部海域是我国未来可持续发展的重要战略空间，南海海洋资源的开发和保护已经成为国家战略的重要组成部分。海洋渔业和海洋石油工业都具有"屯海戍疆"的战略意义。本次增殖放流活动的开展，将进一步凝聚保护海洋渔业生物资源、维护海洋权益的社会共识，促进涉海单位的战略合作迈上新台阶。

　　海洋是中华民族重要的生存发展空间，开发海洋、利用海洋、保护海洋，促进海洋经济的可持续发展，是我们义不容辞的责任。作为一家涉海能源企业，我们是海洋资源的开发者，也是海洋环境的守护者。我们愿与所有涉海单位一道，以渔业资源增殖放流等活动为平台，加强与国家部委、地方人民政府的多方位合作，进一步促进海洋生物资源多样性的恢复和发展，共同保护好我们的万里海疆。

　　最后，祝这次西沙海域渔业资源增殖放流活动取得圆满成功！

---

　　山羊胡对小毕改后的稿件比较满意，认为它在"气"上把握得很好，显得气势宏大，气概不凡，气脉连贯。

　　一、格局宏大，视野广阔，有气势。虽然是增殖放流这样的具体工作，但这篇稿子并没有将它定位成一件小事，而是把它放到生态文明建设、维护国家海洋权益和保障油气安全这样的格局和背景中，去加以认识，挖掘其意义与内涵，体现了以小见大、见微知著的眼光，展现了胸怀与气魄。同时，这种气势的表达又不是凌空蹈虚、宏大叙事，而是从逻辑、事实方面论述，在这些大的主题与增殖放流之间，建立紧密的逻辑联系，提供坚实的支撑，使文章既有气势，又落得很实。

　　二、表达使命，履职尽责，有气概。作为涉海的能源企业，其在稿件中对自身的定位非常清晰，对职责的认知非常到位，"是海洋资源的开发者，也是海洋环境的守护者"，履行职责的态度和行动积极而主动，有不用扬鞭自奋蹄的思想和行动自觉。在谈到生态文明建设时，用一句话概括，"我们历来重视保护海洋渔业及生物资源的多样性，始终坚持油气田开发建设与海洋生态保护并重，积极履行'在保护中开发，在开发中保护'的海洋环保责任，力求经济发展与环境保护实现双赢。"接下来用七个排比讲述了在这方面所做的工作，用数据和事实说明自己所做的努力。

稿件不止于介绍成绩，还谈了未来的形势任务，"作为我国海洋石油工业的国家队和主力军，我们充分认识到加快南海勘探开发的重大战略意义和紧迫形势，大力推进南海油气资源勘探开发，努力在南海深水区域早日形成规模产量。"这些体现了对职责的使命担当，充满了气概。

三、文意畅通，逻辑连贯，有气脉。全篇以海洋为背景，讲了保护海洋环境和开发海洋油气两件事，落到保护和维护海洋权益上，虽然常有"花开两朵，各表一枝"的切换，但逻辑线条清晰，意思表达顺畅。

开头从渔业和水生资源养护切入，突出增殖放流的意义和价值，然后用了一个过渡，"西沙海域是祖国神圣不可侵犯的蓝色国土，西沙群岛是捍卫祖国边疆的海上长城，我们这次开展的增殖放流活动，还是我们公司从事的海洋油气开发活动，都是用经济手段维护国家海洋权益的有效方式，对于宣示国家主权、维护国家权益发挥着特殊作用"，是第一次从分到合，将渔业保护和油气开发统一到维护国家权益上来。

接下来转到自身所做的工作上来，从生态保护、油气勘探开发方面介绍，内容非常详尽，给人印象深刻，再用一句话概述，"海洋渔业和海洋石油工业都具有'屯海戍疆'的战略意义"，这是第二次从分到合，再次突出主题，阐述"屯海戍疆"的内涵与重要性，而且承前启后，既与前面相呼应，又接续后面的油气勘探开发形势与任务。结尾中强调，"作为一家涉海能源企业，我们是海洋资源的开发者，也是海洋环境的守护者"，总括全篇，使文意到此收束。整篇文稿围绕一条主线和两个方面，起承转合，一步一步推进，形散而神不散，论证的逻辑清晰而周延，思路和表达通达而顺畅。

下　篇

# 第一课
## 公文写作需要跨越的三个阶梯

在与广大公文写作者交流的过程中，会遇到一些常见的问题，从每一个问题里，都能了解到大家非常真实的工作场景和难题。比如："年度工作会议报告，怎么分析好问题？""要写部门工作总结，怎么写出亮点？"或者"我马上要给领导写讲话稿了，要注意哪些地方？"诸如此类。归纳起来，大家比较关心的问题包括：怎么写出亮点？怎么分析问题？怎么提炼观点？怎么写出新意？等等。

要回答这些问题，我想先分享一句话，那就是："公文写作的本质，不是研究字，而是研究事。"只有真正理解和践行这句话，才能从根本上提升写作能力，才会给上述的问题找到有效的答案。

这是因为，公文是"及物"的，是对现实世界、实际工作、客观事物的如实反映，这是它与文学最大的不同。运思和写作是一个主观思维过程，那么公文写作要做的，就是填补主观与客观的缝隙，弥合客观事物与符号编码之间的鸿沟。如果脱离了对实际情况的观察、了解和研究，一味地琢磨文字，那就本末倒置了，哪怕写得花团锦簇，也不过是可悲的文字匠。所以，要研究事、不要研究字。这就是古人所提倡的"格物致知"。公文写作，表面上是遣词造句，背后全靠对客观事物的认知和思辨。

那这件事难吗？看起来好像很难，要提高思辨力，要靠长期的努力，需要有效的方法，那从哪儿入手呢？我们可以从易到难，沿着三个阶梯一步一步地往上迈，找到学习和提高的有效路径。

第一阶，叫"以文叙事"，就是能把事情记叙清楚，要素齐全，让人一看就明白。第二阶，叫"以文辅政"，能替领导立言，把上级的想法整理成文章，推动政务、公务活动的开展。第三阶，"以文鼎新"，能为领导完善决策提供参谋，提出新的思路和主张，用公文来推动工作开创新局面。

第一阶：以文叙事。

刚刚从事公文写作的同志，还不太熟悉公文的语体风格和框架结构，也不太会总结提炼观点，这种时候，应该做的是认真如实地记述客观事物过程，而不是创造。要甘当学徒，老老实实当好书记员，真实客观准确地写好会议纪要、信息、通知等一些简单基础的文种。

虽然这是写作的初级阶段，但也不是没有要求和标准，记事也要记得清楚、明白，不能头绪杂乱，丢三落四，也不能捡到篮子里都是菜，写成流水账、口水话。

我们先来看一份述职材料的片段，因为要述职，所以主人公列举了一些工作成绩。

一、参与信贷业务研究，制定评审指引，推动业务专业化发展。

1. 制订《关于信贷项目评审有关要求的通知》，已推广落地……

2. 制订《关于信贷额度测算的指引》，推动明确了公司对额度测算的相关标准。

3. 制订《宇宙信贷审批制度优化评审指引》，明确了公司优化评审制度的情况、方案要素、风险防控等方面的具体要求和标准……

4. 今年以来，累计完成审查项目××个，决策签批金额×××亿元，撰写审查意见×00×份……

述职写作是典型的"以文叙事"，但类似这样流水账的述职必然是不出彩的。作者确实做了很多工作，但写起来让人感觉就是拉拉杂杂的"流水账"，看不出有什么思路，也看不出有什么亮点，难以吸引人，也自然达不到述职的良好效果。

如何解决这个问题，怎么样才能更好地"以文叙事"呢？这里可以运用我们在《公文高手的修炼之道 笔杆子的写作必修课》中曾经讲过的"类因果法"来组织素材和理顺逻辑。

公文中涉及的内容，基本逃不开"类因果法"这四个逻辑要素中的某一种。

"类"即"性质、类别"，回答"是什么"的问题，比如情况、现状、问题；"因"即"原因"，回答"为什么"的问题；"果"即"结果""效能"，回答"怎么样"的问题；"法"即"方法""路径"，回答"怎么办"的问题。

回到刚刚的述职材料上来，根据具体的情形，要做好这个述职，可以用到"类—果—因—法"组合。先说类：现状是什么，基本情况怎么样；然后说果：我取得了什么成效；接下来说因：我怎么实现这个成效的，思路和经验是什么；还可以说法：列出实际的举措，工作中采用的方法和实现的路径。

按照这一思路，这个述职材料可以修改如下：

今年是部门成立以来信贷审批风险挑战最大的一年，经济下行导致企业还款困难，征信系统不完善导致资质审核不到位等，成为潜在风险（类）。我立足大局，创新思路，采取有效措施，取得良好工作成效，今年以来不良信贷率降低××%，风险值降低××%（果）。

一是加强把关，严格项目评审（因）。下发《关于信贷项目评审有关要求的通知》……（法）。

二是总量控制，优化信贷配置。出台……《关于信贷额度测算的指引》。

三是建章立制，强化风险内控。《宇宙信贷审批制度优化评审指引》明确了公司优化评审制度的情况、方案要素、风险防控等方面的具体要求和标准……

公文千差万别，但其内容不外乎"类因果法"四种逻辑要素中的一种。不同的文种及其内容结构，无非是按照一定的思维逻辑，对上述四种逻辑要素进行有机组合。

比如，给上级单位提交的动态信息，就是类—果的组合；与兄弟单位交流的经验材料，是类—果—因或类—果—因—法的组合；向上级提交某方面工作的综合报告，是类—因—法或类—因—果的组合；就某个问题进行调查研究形成的调研报告，是类—因—法的组合；就某个具体的迫切问题呈报上级的请示，是类—法或因—法的组合；贯彻落实上级精神的情况报告，是法—果或果—法的组合。

也就是说，我们在考虑公文写作的逻辑时，可以首先从它所涉及的问题以及现象归属于哪一个范畴来着手，将其划分为类、因、果、法四种当中的逻辑单元，然后根据文种和写作的需要，对其进行安排和组合，从而体现出合理的逻辑结构。这样就能达到清晰准确、重点突出的"以文叙事"的需要。

第二阶：以文辅政。

"以文辅政"就是通过文字工作来辅助政务活动的开展，这是每一个公文写作者都应当达到的境界。这个阶段文字工作的主要特点是"代言"，为领导当好参谋，为政务活动行文，把决策层的意图清晰完整地表达出来。

到了这个阶段，写作者会经常承担一些"大稿子"，比如讲话稿、工作报告等。这样的稿子好写吗？绝对不好写。这时容易遇到的难题往往是不能以领导的角度思考，"没高度、没站位""思路狭窄""大局观不够""没抓住领导意图""重点不突出"等。

针对这些问题，解决办法的核心是如何准确地把握领导意图。抓住了这一点，"以文辅政"就不太难。

对以文辅政来说，因为是为领导代言，所以写作者要把握的是领导的意图和想法，把握住了，写作才有方向和准头。而意图是具有主观性的，把握意图的过程就是将领悟领导的想法与自我构思相融合的过程，即形成写作

"立意"的过程，立意有了，就知道要写什么，写成什么样，写作才有方向和目标，所以需要写作者进行创造性运思。

比如，一位写作者为领导撰写工会换届的讲话稿，最开始的框架主要分三部分：第一，认可工会前三年的工作；第二，针对新一届工会的工作大方向，做了一些梳理；第三，写了一些工会工作的任务和措施安排。

领导看了不满意，自己动手改，把主题和内容变成了"要做有高度的、有深度的、有温度的和有宽度的工会"。文章的立意完全不一样了，高度、格局也显得不一样了。

可见，把握好立意，才能把握好一篇公文的大方向，"以文辅政"才能取得好的效果。那么，怎样把握好立意？我总结一个"四度立意法"，即从高度、深度、角度、尺度四个方面加以审视和梳理，动笔之前"四思而行"。

首思高度，就是从理论、政策层面分析问题，在全局中审视事物，在大的趋势中判断事物。再思深度，就是对问题的思考深入独到，对事实分析到位，能揭示事物的本质及内部规律，包含深刻的思想意义，观点具有哲理性、理论性，能启发受众思考，扩展受众思路。三思角度，就是抓住最能说明事物本质特征或最能反映事物真正价值的角度，给人以耳目一新的思想启发，从新的角度观察事物，发现事物新的特点；从新的角度分析事物，获得对事理的新认识。四思尺度，就是要符合尺度，不能过，也不能不及，要尽可能不偏不倚，做到得体。比如，运用材料的多寡、详写略写的安排、藏锋露锋的处理等都要适度。

建议大家把"四度立意法"变成一个"自查清单"。每次写材料时，先问问自己的立意，是否符合这四个方面的要求。

以文辅政时把握意图，不光看自己怎么想，还要看领导的意图是什么。对领导意图的把握，不是简单地充当"传声筒"，领导说什么就是什么，而是要进行创造性的工作，对领导零散的观点和初步的想法作进一步地补充完善、提炼升华和延伸挖掘，把领导的意图讲全、讲透、讲好。

这里有一个很重要的方法就是"补充"，具体包括补充全景、理论、目标，从而更准确地把握和更到位地阐述领导的意图。

第一招，补充全景。有时领导就给一个大题目，或者只抛了一句话，怎么办？这时候，需要寻找关联信息，发散思考，扩充全景，找到要论述对象的定位和写作方向。比如，领导交代的主题是"改进文风"，就可以想：最近发生什么事件？他对这个事件有哪些观点？可能会提出哪些要求？把这些问题想清楚了，对理解领导的完整意图也就更有把握了。

第二招，补充理论。如果领导给的信息特别碎，东一个事儿，西一个思路。这说明，他自己也没想清楚。怎么办？这时候，需要把事实归纳成观点，把思路抽象成理论，把碎片信息凝练加工成系统化、条理化的观点和内容，从感性层面上升到理性层面。还就"改进文风"来说，就要看中央的要求是什么，领导一贯有哪些思路，最近上级有什么新指示，文风背后反映了什么问题等。这样就能有助于对问题更深一层地思考，更好地把握事物的规律和本质。

第三招，补充目标。以目标导向来理解领导的意图。领导为什么突然就说改进文风的事了？他是希望解决什么问题，达到什么目标，通过这个事情要推动什么工作？这样一想明白，就能更深入地理解领导的想法，写起来也就更贴近领导的意图了。

这三招下来，就能把领导意图讲全、讲深、讲透。其实归纳到一点，就是要站在领导的角度来思考问题，谋划工作。这是做好以文辅政的基本功和必经之途。

第三阶：以文鼎新。

"以文鼎新"就是通过公文文稿，对实际工作提出新的理念、新的思路和新的举措，从而开创新的工作局面和展示新的气象。要想在思想上革故鼎新，需要深厚的理论素养和实践积累，就得多学习，多阅读，研究掌握多方面的知识，深入调查研究和分析问题，为提出工作的创新思路打下基础。

当公文写作者到达一定的层次，创新就是一件自然而然的事情。因为，公文是客观实际的反映，也是用于指导实际工作的。所以不是写作者想不想创新，而是工作本身在变化，客观事物在变化，所以写作不能一成不变，陈陈相因，只有创新才是实事求是的体现。

但同时，创新也应该是写作者的自觉追求。只有不断地追求创新，提出新的工作理念、思路和措施，推动工作取得成效，才是文章功能的体现，也是写作主体价值的体现。

创新不是一件轻而易举的事情。所以，"以文鼎新"这一阶段的最大难题，是如何提出创新的对策、建议、思考。我的观点是：永远的重复与持续的创新。

永远的重复，指的是一个单位，有一些工作是要反复强调的，有一些思路是一以贯之的，有一些原则是经久不变的。比如，党和国家的精神要求、上级的工作目标、一个阶段的工作部署、单位的文化理念等，这些都是要经常强调和反复重申的。但如果光是重复，而没有创新，就变成了老腔老调老面孔，与我们提倡的"以文鼎新"背道而驰。

一篇好的公文一定要有新的元素在里面，而且创新也是有很大空间的，无论是角度创新、内容创新、方法创新、结构创新，只要写作者突破思维定式，强化创新意识，是不难找到创新的路径的。而以上的几种创新，其中最重要的创新是观点创新，而观点又来自思想。所以创新的过程，从根本上来说是写作者不断学习成长的过程，这才是创新最大的意义所在。

如何提炼好的观点，从而给人新的感受，开拓新的视角呢？我归纳了十六个字，即从多到少，从散到聚，从粗到精，从平到奇。

一是材料取舍从多到少，是一种萃取。观点要亮眼，就不能淹没在简单的素材堆积当中，而是要起到提领一部分内容的作用，有一定的概括性，发挥以一当十的效果。

例如，某位部门经理要写部门工作总结，罗列了方方面面的工作：

（1）推进作风建设，加强业务学习；

（2）团队管理方面，梳理了各种工作流程；

（3）开展人才招聘，今年扩招了一批应届生；

（4）各项经营指标稳中有升。

要把这个总结写好，就要从这些芜杂的素材中加以萃取，根据明确的立意来筛选素材。从以上罗列的情况看，我们可以这样认为，部门工作的重点成效主要表现为两大方面，一是加强内部建设，包括加强学习、规范管理、人才队伍建设等，二是经营业绩表现良好。当明确了这两大亮点以后，围绕这两个方面组织材料即可，突出重点，而不用面面俱到，这就体现了从多到少的萃取。

二是内容梳理从散到聚，是一种归整。文稿的观点要清晰，其实就是思路要有明确的主线，主旨要集中，在构思和组织内容时要紧紧围绕这一主线来展开，将相关内容加以归整，使其更加紧凑。

比如，某单位总结五年规划制定工作，在回顾制定规划所做的思考准备和理论与事实依据时，梳理了方方面面的情况，涉及宏观经济形势、国内国际形势、竞争对手动态、行业情况、上级精神、自身改革态势等，如果一一讲述，势必显得分散而不聚焦，经过归整和分类，将其聚合到三个方面，即：

（1）适应经济新常态，认真转变发展观念；

（2）认清行业新趋势，进一步强化危机意识；

（3）抢抓改革新机遇，切实增强紧迫感。

三是总结观点从粗到精，是一种升华。观点是文稿的精华，所以要突出观点，让观点醒目和吸引人，成为文章的亮点和"文眼"。当初步的观点还达不到预期效果时，要多花时间提炼和精心打磨观点。

比如，一篇回顾"十三五"工作情况的总结，在归纳了若干个方面的发展成就之后，提出了"十三五"期间积累和值得坚持的几条经验，一开始初稿的观点是这样的：

（1）牢记使命，强化学习；

（2）明确战略，持续推进；

（3）合规管理，保障安全。

这样的观点显得很平淡，难以给人留下深刻印象，经过进一步的思考和提炼，对观点进行升华，修改过后在观点的表达效果上有了明显提升。如下：

总结公司过去五年取得的发展成就，我们有以下几个方面的经验和体会：

（1）牢记责任使命，是公司不断做强做优做大的根本动力。

（2）坚持战略引领，是公司保持正确发展方向的基本前提。

（3）追求稳健合规，是公司总体平稳健康运行的内在原因。

四是切入角度从平到奇，是一种创新。要想在守正的基础上创新，有时可以从新颖的角度切入，运用独辟蹊径、与众不同的视角，揭示事物独特的内涵，给人眼前一亮的感觉。

比如，某公司在年度工作报告中部署工作时，重点要讲述三个方面的内容，即"深化改革、加大投资、开拓市场"，可是这些事情几乎是年年都要说，年年逃不出这些内容。如果还要说，怎么讲出新意来？这时我们可以从一个新的角度切入，不是惯常地讲要做哪些工作，而是讲做这些工作背后的思路和理念是什么，也就是"为什么"要做这些事，这样不但角度新，在阐述的深度上也进了一步，让受众"知其然还知其所以然"。这样写出来就是：

（1）着力解决体制机制瓶颈，充分释放发展势能；

（2）加大有效投资力度，增强发展后劲；

（3）抓住市场开拓的工作主线，推动生产型向经营型转变。

"以文鼎新"是更高的要求，能达到这个标准，可以称得上是比较成熟的写作者，在单位也就能胜任"大笔杆子"的角色了。这时不光是能较好地完成岗位要求和领导交代的任务，还能通过自己的创造性劳动提出有新意的工作主张，促进工作推陈出新，在岗位上发挥更大价值。

从以文叙事，到以文辅政，再到以文鼎新，是从易到难、由浅入深的过程，无论处于哪个阶段，心中一定要有这么一个"升级地图"，只要用心，把握进阶的规律，多下功夫，对每一个人来说，达到"以文鼎新"都不是太难的事情。

在"以文鼎新"之上，其实还有更高的境界，就是以文立言。这个时候的公文写作，已经超越了具体的论事层面，而立足于重大历史事件或社会的永恒价值，提出独创的、深刻的、具有深远启迪的观点和论断，不仅对于当时的人们具有重大启发意义，而且能够流传后世，成为人类精神宝库中的储藏。这是公文写作者最值得追求的境界。历史上一些流传千古的文章，其实原初都是公文，由于它们所承载的意义比较重大，从而具有了历史意义和启迪后人的价值。这个层次很难达到，也是可遇不可求的，但我们至少要知道有这个目标的存在，知道公文写作最高能达到什么水平，知道努力的方向，这样能以更积极的态度做好自己的工作，更好地推动事业的发展。

# 第二课
## 写作答疑与例文修改

## 【问题1】

连续写了两年同一个内容的讲话稿，今年（2022年）又要写，都是关于考试工作动员的，工作目标不变，制度要求不变，工作措施也没什么不同，怎么排列组合这些素材，能写出不同？

之前写过的稿子如下。

———————————————————————— • • •

## ××在2020年××省××考试工作动员会上的讲话

这次会议的主要任务是：

**一、认清形势，提高政治站位，全力以赴做好今年考试组织工作。**

今年的××考试，全省××要提高政治站位，增强"四个意识"，坚定"四个自信"，做到"两个维护"。要始终坚持"×××××"总原则，切实提高站位，科学谋划，精准施策，按照××××的工作要求，统筹做好考试组织实施工作，确保考试和人员安全，努力实现年度考试安全顺利的工作目标。

**二、狠抓工作落实，全力以赴做好今年考试组织实施工作。**

（一）发挥协调机制作用。建立健全协调机制，确保考试指挥顺畅。

（二）细化考前准备。落实各项保障措施。优化技术服务。

（三）加强考试应急演练。及时发现问题、解决问题，提高突发情况下应急处置能力。

（四）严明考试纪律。要提高社会效果，严明考试纪律，规范工作程序，热情服务考生，不断提升满意度。

# 【回答】

经常写的稿件如何写出不同，可以结合前面关于创新的讲述来理解。公文写作是"永远的重复与持续的创新"，创新可以体现在立意、结构、角度、观点等方面。

具体到这篇稿件，要写出新意，可以从几个方面入手：

一是联系实际。尽管有些话题是旧的，但在不同时期总会有新的情况、新的变化。比如，宏观环境发生变化，政策规定出现调整，上级提出了新的要求，工作落实时遇到新的困难等，要把握新形势、新任务，思考新问题、新挑战。可以说，只要与实际结合得紧，就有用不完的素材，写不完的新话。

年年开考试工作动员会，2022年有什么不一样？2022年刚开过党的二十大，二十大报告中把教育、科技、人才单独作为一个部分讲述，而且放在比较靠前的位置，说明党和国家把教育和人才放到了更加突出的战略位置。在这一背景下，第一部分讲提高站位，就要把这一重大意义凸显出来，这是落实二十大精神的重要体现，是推进科教兴国战略的重要举措，也是为国选材的具体行动。

二是转换视角。从不同的角度去认识同一个问题，从中引出不同的话题，这样不仅可以避免重复，而且有利于思想与时俱进。角度一变思路宽，旧话题也可以不重复，做到新意迭出。

比如这个稿件中关于考试工作提的要求，比较笼统，头绪不太清晰，可以从不同的角度加以梳理和完善。一是从这项工作涉及的人群和责任主体的角度来讲，考试组织方要如何，考点要如何，监考考试要如何，要求更到位，各负其责；二是从这项工作的时间顺序的角度来说，考试前、考试中、考试后，分别有哪些要求，条分缕析，更加清楚；三是可以从这项工作所涉及的职能角度来讲，比如组织领导、现场实施、后勤保障、阅卷考评，分别有哪些要求；四是从涉及的不同方面、层级和范围的角度来讲，比如省会考点要如何，各地州市要如何，县城如何，各有侧重。如果对这项工作了解更细，还可以有更多的角度。

三是拓展思路。思考方式、叙述方式、写作方式上，都可以加以拓展，寻找新的思路。比如改变一些行文思路，在讲某个问题之前，先举一个这方面的经典例子，以事明理，再简明扼要地提出观点，这样就有了新意，给人印象也会更深。

四是变换结构。一个事情，论述的重点不一样，切入的角度不一样，推进的方式不一样，都会带来不同的结构。上次是横向展开的，这次可以纵向延伸；上次是几个问题并列的，这次可以逐层递进，也可以从一个问题切入，再引出几个问题。结构上变化了，内容的重复感就会减轻一些，就会令人有新鲜感。

五是打破套路。有些常用的套路用多了就变成条条框框，束缚思路，要敢于打破。在新形势下，应该改变套路，灵活地、切实地运用好各种材料。

比如，每年都是讲认识，讲措施，今年再写，第二部分可以总结一下前面几年考试工作的成绩，指出还存在的一些问题，提炼出几条经验，深度和厚度就不一样了。再比如，讲工作措施，不要一上来就直接讲如何如何做，可以先提出几条原则，坚持安全为要、坚持考生至上、坚持纪律第一等，还可以先明确几项目标，比如考场零感染、零舞弊，零缺考。再来讲工作要求和措施，高度和针对性就不一样了。

# 【问题2】

我的身份是国企党建部门负责人，要给单位党委书记写一个下一年度工作策划，领导要求策划一定要有创新点。在实操层面，我首先会把全年的固定工作和亮点工作逐条拉出来，然后把可以创新的内容写出来。但是这个创新就可大可小了。比如，我梳理一个宣传稿的品控手册可以是创新，这个就很小。比如，我策划举办一个党支部"红色堡垒"创建活动，它就是个党支部各方面工作的评比，整体是个创新。这个大项目的创新可能就比较好写，但这个小创新点放在整个策划中，我就不知道应该怎么体现了。所以我的问题是，工作策划的结构是什么？如何更准确地表达工作创新点？还有就是文字怎么写，才能让领导觉得我写的是创新的内容，以前没搞过，别人也没有弄过。

我提供的一份是工作策划，一份是工作亮点，目前不知道怎么把亮点放到策划里去：

————————————————————————— • • •

## 1. 工作策划

1. 突出党建引领作用，坚持融入中心抓党建，开展党建与业务工作深度融合的研究与实践，形成党建工作与业务工作同落实，同监督、同考核的运行机制，把党的要求贯彻到具体业务环节，以党建工作推动中心工作发展。发挥榜样力量，开展突出贡献奖、"两优一先"人物和团队表彰。

2. 全面提高党建工作质量，严格按照党建精编化流程指导工作。严肃党内政治生活，做好党员领导干部民主生活会、党支部组织生活会以及民主评议党员工作。督促落实"三会一课"制度，强化党支部基础工作、开展党建工作考评和党支部书记述职。贯彻落实《中国共产党党员教育管理工作条例》《2019—2023年全国党员教育培训工作规划》等要求，以线上线下相结合的方式，加强党员教育，提升党支部书记和支委履职能力，扎实做好党员发展、教育和管理。

3. 创立"党建书苑"党员干部教育主阵地，打造兼具党建和所业务特点的党建工作红色加油站，提升党员干部党建理论水平。

4. 压准压实意识形态工作责任制，强化意识形态"三支队伍"建设：推进意识形态阵地建设、管理和应用，动态掌握意识形态阵地信息，做到责任人100%全覆盖，坚持动态监控和报告制度，制定所舆情防控和应急处置预案，及时处置突发情况。

5. 深化与媒体的沟通联动，充分利用所内外宣传阵地，紧跟重大事件、重要活动，积极宣传报道所里的重要工作举措、重大改革、感人事迹和先进人物，对内凝心聚力，对外扩大影响。持续推进企业文化建设工作，拓展延伸宣传文化载体，办好所刊，推进企业文化建设融入中心工作。

6. 探索建立多平台融合的宣传模式，持续建设通讯员队伍，建立"上下联动"的宣传机制，做好以建院周年庆、党的二十大召开为代表的新闻宣传。完成文明单位创建工作。完成年度政研会工作。

# 2. 工作亮点

落实党的二十大报告中提出的"增强党组织政治功能和组织功能"的要求，党委2023年党建工作以学习贯彻落实党的二十大精神为指引，以"扎实基层党组织建设"为主题，加强政治生态环境方面基本建设，工作亮点如下：

1. 党委基层面对面交流会，围绕涉及所发展的重大问题开展调研，重点对职工提出的意见和建议进行深入研究分析，总结归纳对策建议，推动问题快速解决；围绕职工群众实际困难，积极为职工群众排忧解难；将学习宣传上报重要精神直接传达到一线。

2. 创建"党建+"品牌，围绕中心工作重点、难点任务开展"党建+安全""党建+质量""党建+项目"等主题活动，以中干论坛、党员突击队等为载体，强化思想解放、推动全员行动，推动所的发展走深走实。

3. 走出去开展党组织共建联建，同优秀党组织、示范党组织以及与所业务相关的党组织共同构建党组织共建联建工作机制，开展共建共学、思想共筑共享，促进党组织建设共同提高、业务互通互胜。

4. 开展党支部"红色堡垒"创建活动，以集团公司红旗党支部评选条件为参考，用量化考核、积分上墙等方式，营造党支部比学赶的争创氛围，加强党支部基础建设。

5. 加强学习型党组织建设，充分发挥党书苑学习阵地作用，组织读书会、思想沙龙等活动，让党员去看书用书；用好数字党建书苑学习资源阵地，组织"天天学"活动，每周下发学习清单，让党员把使用数字党建书苑作为开启一天工作前的第一件事，养成学习习惯。

6. 党建高质量发展专题培训班，培训突出实用性、实操时效性，重点对党务工作者进行培训，邀请优秀党务工作者、党建专家重点围绕党建精细化规范化管理，党务工作者能力提升、党建与业务融合等内容进行专题。

7. 开展党员与群众"结对子"活动，敦促党员和党员领导干部进一步深入群众，关心群众、服务群众，让党员亮身份，做群众贴心人，通过党员与群众"结对子"，选出党员中的"暖心人"，让党员办实"暖心事"，亮出"暖心单"。

• • •

# 【回答】

这位同学其实要写一份党建方面的工作计划，而且希望有创新亮点在里面。首先说一下，这种在类型上属于展望类公文，就是以对今后工作进行思考、安排、部署、要求为主的一类文稿，指向的是未来，也可以叫计划性公文。《公文高手的修炼之道 笔杆子的写作必修课（第2版）》中做过讲解。

在展望类公文中，又有宏观、中观与微观之分。比如党建方面要出几个文件，一个是关于新形势下加强党建工作的指导意见，这是宏观的，管总的，管几年的；一个是2023年度工作党建工作要点，那就是一年之中主要工作任务安排，中观的，这位作者要写的就是这一种，要有站位，全面系统，内容翔实，当然也要有一些创新的做法；如果要搞"红色堡垒"创建活动，年度工作安排了以后，具体实施需要有一个实施办法，这就更具体了，指导"红色堡垒"创建这项工作如何开展的一个文件，里面肯定涉及"红色堡垒"创建的总体要求、工作机制、建设步骤、评价标准等，让人看了就知道怎么去做。

实施方案要把某项工作的工作内容、目标要求、实施的方法步骤以及领导保证、督促检查等各个环节都做出具体明确的安排，落实到工作分几个阶段、什么时间开展、什么人来负责、领导及监督如何保障等，都做出具体明确的安排。这个"红色堡垒"可能包括很多要素，比如联建共建、品牌、"结对子"等一些具体举措，如果每项工作要规范开展，甚至还要有一些具体的细则或者通知，比如联建共建如何开展，包括制度依据、时间进度、责任落实、经费使用、建设标准、工作流程等，相当于一个手册，随便谁拿了都可以照做，也可以拿着这个来检查验收。所以，不同层级文件的功能是不一样的，它们是相互补充的，形成一个体系，是配套的。试图在一个文件中把所有事情都解决是不现实的。

工作要点、实施方案有什么作用呢？一是统一思想，凝聚共识，使大家在理解的基础上更好地执行。二是明确规范、引导方向。对于工作的思路、目标、任务、措施等给出方向、构想、要求，从而使工作的开展不偏向，不越轨。三是有章可循、有据可依，便于操作。对工作做出明确安排，让人可以照章操作，有明确的指南针、路线图、时间表和工具箱。

这位同学要解决的问题是，写一个年度工作要点，同时体现创新和亮点。首先要有正确的思维方法。我们可以运用党的二十大报告中提出的"六个必须坚持"中的几个坚持来加以指导。一是坚持问题导向，就是党建中存在哪些问题，要解决哪些问题，比如基层组织不强的问题、"两张皮"的问题、可能的形式主义的问题等，问题清楚了，工作才有针对性；二是坚持守正创新，守正是创新的前提，有工作的创新，才有写作的创新，不要本末倒置。所以要原原本本地理解党的二十大关于加强党的建设的精神，结合自身实际来研究和部署工作。三是坚持系统观念，就是注重统筹、系统的工作方法，一年的党建工作部署要相对比较全面，内容和工作安排上都不能显得太单薄，比如突出讲组织建设，但其他几大建设不能一点不讲，在全面的基础上突出重点，哪些是最紧要的，要重点关注的，而不是平均用力，用重点突破推进全面提升，同时各项工作有机统筹、相互促进。

其次在理念上，创新应该是全方位的，包括工作思路的创新、方法载体的创新、手段工具的创新等，不只是体现为几个具体的创新点。如果只追求几个具体的创新点，而没有一个创新体系的支撑，也是不行的。所以首先要考虑的是用创新的思路来谋划全年的工作，用整体的创新带动具体点上的创新，而不是先想着怎么把具体的所谓亮点融入工作要点里去。总体的思路，可以是一条主线，比如党建融合"党建+"，可以是一项重点工作，比如"红色堡垒"的创建，还可以是某一方面的总体工作要求，比如提升基层党建质量，不管哪一个，都能透视到党建工作的各个方面。有了全面的考虑和整体布局，再去构思具体创新的工作方法、载体，或者把之前已经想过的创新点放到相应的内容中去。

最后就是厘清文件的层次。这位同学提供的材料，其实不完全是一个文件所能涵盖的。工作策划类似一个年度工作要点，以指出工作重点为主要内容，目的是阐明主要工作任务，让下级部门或本单位群众明白工作目标，特点是文字概括，原则性强。正文的主体，分条列项，写上工作要点的内容，把能够预见到的主要工作任务以及完成这些任务的标准、方法逐一概要地列出来。内容高度概括，既包括全盘工作，又突出重点任务，不展开观点，只择其要者来说，条理清楚，层次得当，实事求是，既有定性要求，也有定量指标，语言朴素准确。措施要有创新性、可操作性，简明实用。每个事项的做法、程序、要求都要交代清楚。

里面提到的一些具体工作，要推进实施还需要配套的工作方案，就是把某项工作的工作内容、目标要求、实施方法步骤以及组织保证、督促检查等各个环节都要做出具体明确的安排。要落实到工作分几个阶段、什么时间开展、什么人来负责、领导及监督如何保障等，做出具体明确的安排。在内容上应包括：一是基本情况的交待。比如重大活动的时间、地点、内容、方式、主题以及主办、协办单位等。二是对相关活动、相关工作按阶段或进程做具体的部署安排。包括各阶段工作的内容、基本任务目标、主要措施手段、步骤作法、相应的安排和要求，包括人力、财力、物力的组织安排和部署等。从总体上说，要写明在什么时间、多大范围内由哪些人做哪些工作，采取什么方式于何时做到何种程度。三是对相关问题的处理与解决办法。重大活动的开展，重要工作的推进，涉及的问题必然是多方面的，诸如组织领导、人员经费、财力物力的安排，有关矛盾和问题的解决等，要想到，并且提出相应的建议和办法。

# 【问题3】

我是市属国企总部战略规划岗的员工，负责年度工作会议报告的部分内容的撰写，涉及经营中存在问题的剖析，领导认为写得太尖锐了。想请教下可以从哪些角度来剖析问题，表述上和问题程度上应该如何把握？

我写的"存在问题剖析"的初稿如下：

---

• • •

上半年我们经历了市场经营的严峻挑战，能取得主要经济指标好于预期的成绩实属不易，值得肯定。但同时，我们也要清晰地看到自身存在的问题和不足。

一是应对风险挑战能力不足。面对多重不利因素叠加带来的市场形势变化，不少企业分析预判不够、应对办法不多、主动担当不足，甚至还有"等市场好转、靠集团解困、要政府救济"的思想，陷入供血能力不足、生产经营亏损的被动局面。

二是基础管理仍不扎实。特别是上半年工亡事故仍高发频发，安全环保风险尚未得到有效遏制，暴露出一些基层企业对上级的决策部署打折扣、搞变通，工作作风漂浮散漫等问题，对日常管控抓得不严不实。

三是改革创新效果有待提升。部分企业在深化国企改革和科技创新攻关中，没有深刻理解改革创新的必要性和紧迫性，仍以完成任务的心态敷衍应付，导致集团在健全市场化经营机制、科技创新赋能产业升级方面的动作较慢、效果较弱。对于这些问题，我们要认真分析总结，对症下药去病，加快投入下半年的各项工作中去。

领导的反馈是：

1. "还有'等市场好转、靠集团解困、要政府救济'的思想"，表述程度上有点重，打击企业的积极性。这句话建议删掉。

2. "基础管理仍不扎实。"程度有点重，集团管理工作曾作为地方国资系统代表，入选国务院国资委"国企改革与实践"优秀案例，谈基础管理不扎实，不太合适。建议替换为"核心竞争力还有待进一步加强"。

3. "工亡事故仍高发频发"，上半年的工亡事故全部来自合作外包方，"高发频发"最好替换成中性的表达。

━━━━━━━━━━━━━━━━━━━━━━━━━━━ • • •

# ▎【回答】

如何写问题，这是一个很好的问题。公文的目的是推动工作，而推动工作的一个重要途径就是发现问题、分析问题、解决问题，因此好的公文应该具有强烈的问题导向性。

世界上的客观问题很多，抓什么样的问题才能有的放矢？如果一篇公文面面俱到，期望解决所有问题，那肯定是奢望，最终任何问题都解决不了。那么到底要抓什么样的问题？怎么样才能抓得准呢？

坚持问题导向，并不是说写问题越多越好，写得越尖锐越好，在一篇具体的公文当中，有针对性的问题才是好问题。针对性就是说，紧扣文稿主题，紧扣工作实际，紧扣任务目标，紧扣受众心理。客观存在的、具有典型性的、具备分析价值和解决可能性的问题才是好问题，这是公文写作把握问题的标准，也是公文具有实用性的要求。

问题不是简单直观地摆在事物表面，它需要深入思考、需要精心调查、需要潜心研究才能被觉察和发现。具体到一篇文稿中怎么写问题，如何用语言描述得更准确，更能被接受，建议把握这样几个"度"。

一是态度。从领导的角度说，要敢于自我剖析，敢于揭短露丑，真正把直面问题当作自我批评、促进工作的重要手段。我们说，态度最重要，态度好不好，也能被一眼识破。

就执笔写作者的态度来说，要迎难而上，敢于啃硬骨头，把写好问题作为提高业务能力的重要契机，当做推进所在单位工作、立足岗位做贡献的途径，也是在领导面前展示思想理论水平、工作作风和担当精神的重要机会。

二是高度。高度体现为站位、视野、格局和境界。要体现出理论高度和思想高度，体现不折不扣地贯彻落实中央要求的决心。虽然可能谈的是具体工作，但也要在大局中审视自己的工作。要认真及时地学习中央精神和要求，领会新的理论成果，用一些经典论述来体现高度。

三是尺度。就是分寸的把握和拿捏，既不要过，也不要不及。有一个常见的困惑和难题是：为什么自己觉得挺不错，但领导难以接受。这是因为尺度标准不一样。因为问题讲的是事，事背后都是人。每个人看问题的角度不一样，包容性不一样，认识问题的深度不一样，难免会出现这样的不一致。

一个基本原则是，剖析问题不夸大，不缩小，实事求是。要打消思想顾虑，消除怕领导不高兴等不必要的担心，都是为了工作，能当上领导，这点度量肯定是有的。但也不要走极端，为了引起重视，把问题写得很严重，那也不符合实事求是。

总体的写作要求上，一开始可以适当偏严一点，体现出对工作要求更高和认识问题更深入，写的时候可以与以往、与同行、与兄弟单位"对对表"，把握严格程度的标准。具体来说，还应该抓住几个方面：

在策略上，有详有略，有轻有重，不要均衡用力。

在问题选取上，分清普遍问题与个别问题，合理问题与不合理问题，主观问题与客观问题，能解决的问题与不能解决的问题。比如这位同学写的，"还有'等市场好转、靠集团解困、要政府救济'的思想"，这是属于主观思想，诛心之论，在民主生活会自我检查时找主观原因可以，在工作报告里一般不这么写，可以写："工作不积极主动，存在等靠要的现象。"

在现象描述上，如果篇幅相对多，一般用"问题+现象"的方式来叙说，重要问题多写，一般问题一笔带过；突出问题展开论述，同类问题适当概括。

在问题的趋向程度上，要辨别清楚是变好了，还是变差了；是偶尔出现，还是一直如此；是没有改善，没有根本好转，有所恶化，还是愈演愈烈……

在时点描述上，是曾经有，现在有，还是潜在有；准确使用曾经、一度、将出现等不同的表述。

在措辞力道上，分清个别、少数、有些、部分、很多的不同含义和指向，少用绝对性表述，而用不够、不到位、有差距、存在不足、有待改进、面临风险等表述，说话留有余地。"基础管理仍不扎实"可以改为"基础管理还需要持续加强"。

四是深度。避免给人读完感觉泛泛、缺乏深度、像白开水或者浮于表面、人云亦云、不接地气的感觉。这要在深度上做文章，能够对问题思考深入独到，分析到位，揭示事物本质和规律，表达深刻的思想意义和认识意义，使观点具有哲理性、理论性。那么深度从哪儿来?

要做到三个"深"：一是深刻剖析问题表象，深入思考而不是泛泛而谈。二是深挖问题根源，找到问题症结。三是深入结合实际，有的放矢，有理有据。

五是角度。最突出体现在找不出问题，或者找的问题偏，其原因在于：范围过于狭窄，眼光过于局限，视角过于单一，心态过于紧张。总之就是思维的角度受到了限制。这就要求拓展思维角度，多方位、多角度观察事物、分析问题，取得"横看成岭侧成峰"的效果。

从问题的主体来说，有些问题是体现在讲话主体身上的直接问题，有些问题虽然没有表现在主体身上，但属于有关联的间接问题，比如一级领导机关的下属单位存在问题，也可以认为是这一级领导机关工作要求不到位、督促检查不够所造成的，也可以作为问题加以查找。比如，"工亡事故仍高发频发"可以改为"工亡事故仍有发生，反映安全管理基础仍不牢固，对外包合作方的监管还不到位。"

从问题的来源来说，可以是为了准备材料专门征求意见找出的问题，但要注意对征求意见和问题进行辨析，不要捡到篮子里都是菜，可以是综合运用以往工作和研究成果所发现的问题，还可以是调查研究到的问题，还可以是借鉴别人查找出的问题并加以对照所检视出的问题，这样就大大地拓宽了问题的来源。

从问题的调门来说，尽量避免非黑即白的极端思维，把事情认为要么是一切都好的，要么是一棍子打死的，这样本身就不符合客观实际和事物的本来面目。故而要具有灰度思维，变二维为多维，寻找中间地带，客观准确、不偏不倚地描述问题现象。

从观察的视角来说，同一个问题可以从不同的角度来认识和分析，而同一个事物当中也包含了成绩、不足、挑战与希望等方面，所以要从发展变化和普遍联系的观察视角来认识问题，期望、差距、挑战、困难、新形势、新要求等都可以转化为问题。

# 【问题4】

我是某直属国企某行政部门的市场部经理，从事存量资产运营。我需要向公司班子成员描述市场部工作，让非专业出身的公司负责人了解部门工作量，看到工作亮点。具体情况是，目前公司在资管板块仍处于摸索上升期，我所在的市场部承担着公司营收所有压力，公司负责人为建筑工程出身，同时公司合规性要求非常高，我花费大量精力细化流程守住底线，但是在成果上只是平稳操作，看不出工作量及工作成果。不做这些体系化、全面化的工作，公司未来将会出现关联性问题，但是公司负责人对这些感受不深。日常工作小结中，我都是描述和列举：（1）招商，打了多少电话联系，跑了哪些地方做推广；（2）运营，收款如何催缴以保证收缴率；（3）服务，做了多少量的租后服务；（4）安全，落实月度巡查，防范安全；（5）合同，根据国资要求结合法务意见调整合同并签订；（6）重要事情，提醒领导上会决策。以上均为流水账式工作铺陈，做了很多尝试来归纳部门亮点，但是领导仍感受不到。我最大的痛点是：如何写作才能让领导班子成员看到我们的工作亮点以及对工作负责的精神？

我写的工作总结附后：

---

# 市场部年度工作总结

面对世界之变、时代之变、历史之变，围绕地球公司资产管理运营重点工作要求，加快推进体系建设各项工作，在经营招租方面精准发力，追求打造高质量发展模式。本年度，通过渠道拓展及房源推广，新签面积4000 m²，续签面积6000m²，截止到9月出租率为90%，实现收缴率100%。

**一、完善招商模式，提升存量资产运营能力**

租赁市场受到国内外诸多新形势、新情况、新问题的影响，市场活跃度持续低迷。同时写字楼市场迎来巨大的新增交付量，非核心区域楼盘的持续空置，将给租户带来更多的选择，导致竞争加剧。在租赁停滞的背景下，部分业主已陆续给出租金让步、同意缩减面积以维持出租率，并提供定制装修来吸引新的租户。

我们将面临空置率和租金方面的双重压力，通过深度调研租赁市场，分析持有的产品特点和目标客群。我们锁定核心客群为民企及小微企业，在未来的市场环境中，他们会通过降本增效等措施提高生存能力，我们要依据他们的租赁特点进行产品优化及升级，力求提供适配度更好的租赁服务，提升房屋的出租率。

强化招商运营工作，推动企业健康可持续发展。一是以链找链，以链补链，"海"链潜在意向客户。从现有客户的产业链上下游企业挖掘租赁需求，按照"上下楼即上下游"的发展态势形成"内生良性循环"，同时聚焦上海大数据中心相关配套服务企业，了解扩租办公用房需求，开展深度合作，构建优势互补，高质量发展微产业生态圈；二是"地毯式"推进招商，"陆"续同盟伙伴。拜访项目周边同行业主、中介公司，积极建立合作伙伴关系，携手共建招商群，实现"点对点"精准招商；实地走访周边3个园区写字楼，搜集潜在租户，并通过电话营销等方式推广项目。三是广撒网式营销，"空"转线上营销。以扩大范围及加深影响为核心，共致电中介近2800个，覆盖上海市8个区，不断提高曝光率。网络营销除在各平台发布房源信息外，还着眼于微信朋友圈营销，共发布近

100次的房源笔记。积累意向客户77家，共实现现场带看38组，其中6个客户转化为签约租户。四是围绕现有租户，做优服务提前锁定租赁意向。根据租户情况定制不同续租方案，力求留住租户。在周边产品多、跨区域选择多的市场环境下，当现有租户面临"去"或"留"的抉择时，主动出击，帮助租户从用工成本、员工招聘、业务联系、业主稳定性等方面进行综合分析，并随时根据竞品情况调整商务条款，完成6家租户的续签。

## 二、加强收款管理，确保按时、足额完成款项收缴

做好资产出租后的租金、物业费、公共事业费的收取工作。根据租户签订的《房屋租赁合同》进行金额核算，并由财务复核，严格按照《租金收取制度和预警机制》按时、足额收取相关费用，共计完成30家公司、40次房租物业费、20家租户月度公共事业费收取工作，实现收缴率100%。

## 三、追求核心竞争力的发展模式，做优"地球公司服务"

积极响应并妥善解决租户需求，优化服务细节，共完成20次租后服务，进一步提升租后服务品质和客户满意度；根据每月安全检查情况，为租户提供各类消防安全建议20次。通过弘扬"和谐、共存"的企业文化，打造"地球公司租赁生态圈"，强化租后服务体系，着力开发日常房屋使用过程中的维保需求，扩展更多服务内容。

## 四、增强忧患意识，细化工作标准和管控点

一是在经营招租后，通过全覆盖的安全巡查关注租户实际经营状况，做好租后服务，防范安全隐患。

二是实行监督租户与主动查验相结合。租金收取情况是履约的晴雨表，在日常管理中做好租户的收款管理，注重支付前提醒、

严格执行逾期催缴、做好风险台账记录。第三季度共有2家租户有逾期支付情况，我们严格按照催缴流程，及时完成租金催缴工作，做到逾期费用不跨月；同时，通过企查查等网站，主动做好履约能力调查工作，重点从法人或投资人变更情况、法律诉讼、经营风险等情况查看租户经营状况，通过系统调查发现7家租户有投资人变更情形，1家公司有法律诉讼情形。变被动为主动，实时了解租户情况，全方位防范履约风险。

**五、推进解决历史遗留问题。**

一是积极处理震旦路项目相邻关系，之前发生因共用下水管道漏水对楼下居民生活造成了影响和不便的情况，当获悉再次发生漏水事件后，多次主动与楼下居民联系表达积极配合意愿，并上门查看情况协调处理方案，及时配合法院指定第三方负责公司人员完成上门查勘，目前已由维急修中心对房屋进行查勘评定并确认履行内容。

二是妥善推进松鼠路车库项目经营管理事宜，累计与物业公司电话沟通12次，上门走访2次，积极协商车位租赁细节，研究确定长期适用的合作模式，力保地球公司房屋安全完好。

**六、坚持安全第一、预防为主，完善资产安全体系**

一是开展资产安全隐患排查和分析工作。公司成立专项排查整治工作小组，9月间，围绕安全用电（气）、防灾减灾等，对资产（含办公楼、酒店、商铺、餐饮或居住房类）开展分组、分区域的全覆盖逐一排查及整治活动，切实将安全隐患排查整治工作落到实处，并走访了重点企业，形成隐患清单。本次安全隐患排查共计发现一般隐患10处，限期整改的隐患2处。

二是不打折扣地完成房屋月度巡查工作。共完成安全巡查200

余次，巡查内容包括灭火器、安全出口、应急照明、疏散指示、烟感、防台防汛、高温及高峰期用电安全等。巡查结束后，对各处安全情况及时整理，并在每月月底生成月度安全检查台账。

下一年度度紧紧围绕"聚焦重点，自我加压，敲实目标"的原则，在充分预判的基础上，直面存在的问题，做好如下工作。

1. 在确保完成当年工作目标的基础上，进一步增强市场敏锐度，寻找提高房屋资产出租率的新思路、新方法。根据目前资产出租情况，重点聚焦现有租户续租，夯实基础，同时强化对外渠道拓展力度，充分了解周边竞品，根据市场变化调整适用有效的招租策略，认真执行房屋租赁的去化任务，多举措并举盘活存量资产。

2. 强化收款管理，保质保量完成年度营收目标。全面总结前三季度收款情况，租金收取紧盯不放。

3. 逐步升级运营体系，挖掘延伸服务内容，提高租后服务体验感，深耕"地球公司租赁生态圈"，做优"地球服务"。

4. 坚持高标准，自觉与标杆企业对标，向行业先进企业看齐，追求具有核心竞争力的发展模式。

5. 遗留问题攻坚克难，紧抓关键任务节点。全面梳理各项目时间节点，及时发现阻碍项目进展的隐患点，提前沟通，协商解决。

6. 安全漏洞要坚决堵住，安全底线要坚决守牢。保持对安全隐患"零容忍"的高压态势，扎实开展安全管控，结合排查情况果断采取处置措施，对限期整改的2处隐患，要抓紧彻底整治，督促各租赁单位按时排除安全隐患，坚决遏制事故发生。

# ▌【回答】

如何写好工作总结，这是一个普遍性的问题。

我在《公文高手的修炼之道 笔杆子的写作进阶课》中"工作总结"一章中归纳过，撰写工作总结至少有八个角度，其中好几种都能在这一篇总结中用上。

一是根据工作职能进行总结。这是一种最主要的总结角度，这篇总结也是。

二是根据工作思路进行总结。如果工作思路与众不同或别有创新，也可以围绕工作思路来总结。从这篇稿看，作者的主要工作思路就是两手抓，一手抓营收，包括招商、收款等；一手抓风险防范，包括加强内控、历史遗留问题处理、安全隐患治理和应急处理。这样就把工作背后的思路阐述得非常清楚，一般来说，用这种角度来总结工作，效果好坏主要取决于思路是否清晰、深刻、新颖。

三是根据工作特色进行总结。从具体工作中挖掘闪光点。这篇稿件的原始素材中，提炼出"招商面广，收款率高，服务水平优，风险管理实"几方面特点，由此归纳为"立足一个广字，增强招商工作的系统性；着眼一个快字，增强款项收缴的及时性；突出一个优字，增强服务沟通的主动性；强调一个实字，增强风险管理的有效性"等内容，显得不落俗套，写出了新意。

四是根据采取的工作措施进行总结。这也是很常见的方法，但要出彩也不容易。因为这家公司做房屋租赁业务，可以用一个"门"的意象，把主要工作措施串起来。就是"开门招商，广招四方租户；出门收款，确保按时足额；上门服务，提升用户体验；闭门练功，夯实内控管理"。

五是根据解决的问题来总结。在总结工作时，针对解决的问题来归纳，往往也会取得很好的效果。比如，将工作总结为"广泛招商，解决客户单一的问题；及时收款，解决款项到位慢的问题；优化服务，解决客户满意度差的问题；强化管理，解决风险隐患大的问题"四个方面。从这种角度来总结工作，针对性强，直接鲜明，能给人留下较深的印象。

这几种角度，没有绝对的好坏之分，只有谁更合适的问题。它们往往不是独立使用的，通常是根据实际情况有机组合的。撰写总结时，应当认真收集材料，掌握总结对象的特点，尝试从多个角度出发，把思路向四面扩散，沿着不同的方向、不同的侧面思考问题，然后再进行比较分析，找出最佳的总结角度和方法。

这位同学困惑的是，自己的工作量和付出、成绩亮点如何能让领导看到，特别是让非专业的领导知道。领导都是目标和结果导向的，大多数时候并不关心过程，所以总结是一个好的机会。

领导关心结果，但你要让领导知道，是什么样的行为和过程，产生了这些结果，自己是怎么做的，除了数字体现的显性结果，还有看不到的基础工作、不显山不露水的"地平线"以下的工作，既看到显绩也看到潜绩，全面了解。进而从中展示自己工作的思路、创新意识、大局意识、担当精神、管理思路，让领导看到自己是可造之材。还有，要适当揭示风险，就是说有些事如果不做，可能造成什么后果，潜台词是自己做了，规避了这些风险，其实也是挽回组织的损失和领导的责任，说明自己为组织创造的价值等。在素材选取上，要多找一些、突出一些与众不同的内容，有新意的工作和业绩，与别人比、与以前比，有什么不一样，甚至具有典型性，能在更大范围有推广价值的，这些都是领导感兴趣的内容。

总结要注意避免以下几种情况：一是罗列工作，写成流水账，重点不重，亮点不亮，个别工作叙述太琐碎或表述不清晰。二是不实事求是，把总结当作表功的工具，写成绩浓妆艳抹，谈不足遮遮掩掩，讲思路虚头巴脑，这就背离了总结的本意。三是虚话套话太多，实质内容干瘪，变成明显的走过场、穷应付的形式主义。

# 后记　写作的奥秘

　　应广大读者的要求，对《公文高手的修炼之道》系列书籍进行修订。其中，《笔杆子的写作精品课（第2版）》增加了下篇，讲述公文写作者要跨越的三个阶梯，以及结合例文对公文写作中一些典型疑惑加以解答和修改，这样与上篇从不同的角度，让读者对公文写作常见的困惑和问题有更深的感受和认识。

　　上篇对上一版内容做了适当删节，主体内容依然是列出了文稿写作的主要负面清单，描述其问题，指出其原因，并讲述如何修改。书中设置了两个人物，小毕和山羊胡，他们在面对问题时，思考的层面和处理的手段处于不同的层次。小毕被问题所困扰，是被动的。山羊胡不仅能够依据经验解决大部分问题，而且能看到问题背后的原因，透晰事物的原理，从本质去分析问题和解决问题，所以他是主动的，认识威力更大，实践能力也更强。

　　这种时候，我们说他找到了写作的奥秘，所以他是从写作的"必然王国"进入了"自由王国"，这是最值得追求的境界。

　　写作与很多事情一样，都是有规律的，把握了规律，就能以一当十，事半功倍，就能做到"心中有剑，手中无剑"。

　　写作是一种智慧的创造性劳动，背后蕴藏着规律，蕴藏着很多的奥秘，等待有心人去发现，去挖掘。

　　比如，本书上篇的八堂课，其实解决的是八个方面的问题，每一个问题后面都有对应的奥秘：

　　无神，是立意问题，需要懂得结晶的奥秘。

　　无序，是结构问题，需要懂得运思的奥秘。

无骨，是观点提炼的问题，需要懂得转化的奥秘。

无物，是内容问题，需要懂得意群的奥秘。

无色，是语言问题，需要懂得修辞的奥秘。

无范，是风格统一的问题，需要懂得统筹的奥秘。

无方，是针对性的问题，需要懂得聚焦的奥秘。

无气，是气脉贯通的问题，需要懂得行气的奥秘。

此外，在写作中，公文写作者还会遇到灵感的奥秘、创新的奥秘、语感的奥秘……如果能够发现并洞悉这些奥秘，在写作过程中就会比别人更自如，更从容。

本书揭示了一些内容，但远远不是全部。更希望看到的是，大家每个人都能总结出奥秘和规律，来指导自己的写作。因为，写作的奥秘某种程度上属于"默会知识"，是属于个体的，不能完全用语言来传递。

"我知道的远比我说出来的多"，这是山羊胡的一个遗憾。作为"默会知识"的这一特点，本身也属于写作的一个奥秘。

需要说明的是，下篇引用的四个典型问题，来自作者作为实战导师在"得到"App写作课堂上接受学员所提的问题，在此对"得到"及学员允许我使用这些问题表示感谢。

胡森林

2023年